DUMONT EXTRA

Köln

D1670317

Marianne Bongartz
Stephanie Henseler

Inhalt

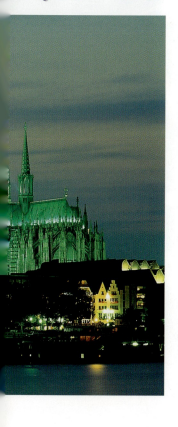

Wie es

»Wenn ich su an ming Heimat denke un sin d'r Dom su vör mir ston mööch ich direk ob Heim an schwenke, ich mööch zo Foß noh Kölle gon.« Beim Blick auf das berühmte Rheinpanorama mit dem majestätischen Dom wird sicherlich auch der Besucher den Lokalpatriotismus der Kölner nachempfinden können, wenngleich er nicht ohne weiteres bereit sein dürfte, »zu Fuß nach Köln zu gehn ...«.

t? Joot!

Doch Köln ist viel mehr als der Dom. Einzigartig ist das Ensemble der romanischen Kirchen, vielfältig sind die Sammlungen der international renommierten Museen. Vor allem aber steuern die vitale Kulturszene, das umfangreiche Unterhaltungsangebot sowie die ungeheure Lebenslust, die sich nicht nur beim Karneval zeigt, zur Attraktivität der Stadt bei: »Kölle es e Jeföhl (Gefühl)!«

Köln

"Die nördlichste Stadt Italiens"

Im Vergleich zu anderen deutschen und europäischen Städten zählt Köln zu den Veteranen. Mit Bauten und Denkmälern aus zwei Jahrtausenden wird es zu einem begehbaren Schauplatz der Geschichte. Gegenwart und Vergangenheit geben sich hier ein Stelldichein. Wo sonst können die Fundamente eines römischen Forums bei McDonald's (im Untergeschoss von C & A in der Schildergasse) besichtigt werden? Bereits unter den Römern wurde Köln in den Rang einer Stadt erhoben und mit Stadtmauer, Kapitolstempel, Forum und Statthalterpalast ausgestattet.

Wirtschaftszentrum West und Verkehrskreuz des Westens sind moderne Begriffe, für Köln waren sie schon in römischer Zeit zutreffend. Im Mittelalter reichte Kölns Handelsimperium von Italien bis Skandinavien, vom Ostseeraum bis England. Kurzfristig war die Binnenstadt Köln sogar einflussreiches Mitglied der Hanse.

Auch der Reliquienkult mehrte Kölns Reichtum und Macht. Neben den Gebeinen der heimischen Märtyrer sind es vor allem die der Heiligen Drei Könige, die Pilgerströme anlockten. Vom Ruhm des *hillije Kölle* künden die zwölf romanischen Kirchen, die in einem Kraftakt sondergleichen nach der Zerstörung im Zweiten Weltkrieg wiederaufgebaut wurden. Für Heinrich Böll waren sie immer viel kölscher als der gotische Dom, dessen kühne Silhouette das Rheinpanorama dominiert.

Stolz sind die Kölner bis heute auf das Unabhängigkeitsstreben ihrer Ahnen. 1288 verjagten diese den Erzbischof und nahmen die Regierungsgeschäfte selbst in die Hand. Rathausturm und Gürzenich sind eindrucksvolle Zeugnisse der städtischen Freiheit.

Mit der Entdeckung Amerikas und dem aufkommenden Überseehandel begann Kölns Stern zu sinken. Fremdenhass und Intoleranz prägten nun die vormals weltoffene Stadt, die Juden und Protestanten aus ihren Mauern verbannte. Das Handwerk, bedacht auf den Erhalt seiner Privilegien, sperrte sich vor technischen Neuerungen. Der wirtschaftliche Niedergang war nicht mehr aufzuhalten.

Erst die Industrialisierung brachte neuen Aufschwung. Innerhalb der mittelalterlichen Stadtmauer

Gelegenheiten zur Selbstdarstellung gibt es reichlich: ob im Karneval, am Christopher Street Day oder bei den Spielen des 1. FC Köln

wurde es eng. Nach ihrem Abriss 1881 entstanden Ringboulevard und Neustadt. Es setzte ein wahrer Bauboom ein. Herrschaftliche Gründerzeitbauten und prächtige Jugendstilhäuser kündeten von Kölns neuem Reichtum. Eingemeindungen machten die Stadt zur flächenmäßig größten in Deutschland.

Beim Einmarsch der Amerikaner war die Rheinmetropole zu 70 % zerstört, die Innenstadt sogar zu 90 %. Einzig der Dom stand aufrecht im weiten Trümmerfeld. Aber der Lebenswille der Stadt und ihrer Bürger war ungebrochen. Mehr als zwei Jahrzehnte dauerte der Wiederaufbau Kölns.

Das Chaos und die Improvisation der Nachkriegsjahre sowie städtebauliche Fehlgriffe haben das Bild des modernen Köln geprägt. Sicherlich gibt es wegweisende Neubauten wie das Museum Ludwig oder die Kölnarena, aber ein städtebauliches Gesamtkonzept fehlt weitgehend. Nicht zuletzt erschweren Bodenfunde aus Kölns reicher Geschichte eine konsequente Stadtplanung. Archäologische Überraschungen

etwa, die jedes Bauvorhaben in der Innenstadt zum Pokerspiel werden lassen, sind Grund genug, die längst überfällige Umgestaltung des Neumarkts zu einem attraktiven Stadtplatz immer wieder zu vertagen. So weht trotz der Größe stets ein Hauch von Provinz durch die Straßen der Millionenmetropole.

Doch zu ihrem fast zweitausendjährigen Bestehen denkt Mutter Colonia über eine Verjüngungskur nach. Stadtplanung und Architektur sind in den Fokus des allgemeinen Interesses gerückt. Die Instandsetzung der Straßen und Plätze nimmt dabei einen ebenso großen Stellenwert ein wie die Diskussion um Neubauprojekte. Hochhausbauten am Rande des historischen Zentrums und im rechtsrheinischen Deutz sollen der alten Stadt zukünftig weltstädtisches Flair verleihen.

Ganz und gar nicht provinziell und altbacken ist die Museen- und Medienlandschaft sowie die Kunst- und Kulturszene. Die attraktive Museumspalette reicht von der Völkerkunde bis zur Schokolade. Die Kunstsammlungen

»Lor ens von Düx noh Kölle, vom Zauber bess de platt«: Deutz bietet den besten Blick auf das berühmte Kölner Rheinpanorama mit Groß St. Martin, Dom und Hohenzollernbrücke

bieten von mittelalterlicher Tafelmalerei über Ostasiatika bis zu Pop Art und Fotografie Exponate aus allen Epochen und Stilrichtungen. Mit dem Museum Ludwig und dem Ostasiatischen Museum verfügt die Stadt darüber hinaus über anspruchsvolle Museumsarchitekturen, die seit Herbst 2000 durch das neue Wallraf-Richartz-Museum und voraussichtlich 2003 durch das Diözesanmuseum ergänzt werden.

Die hervorragenden Kunstsammlungen, aber auch die Kölner Lebensart bieten einen guten Nährboden für innovative künstlerische Aktivitäten. Über 1000 Künstler wirken in der Rheinmetropole. Über den Kunstmarkt informieren neben der ArtCologne die vielen in Köln ansässigen Galerien. Beim Vernissagen-Bummel kann jeder die Szene hautnah erleben.

Aber auch die Musik spielt in der Domstadt inzwischen eine erste Geige. Konzertsäle von der Philharmonie oder dem E-Werk bis hin zu kleinen, intimen Musikclubs bieten den Künstlern vielfältige Möglichkeiten sich zu präsentieren. Mit der Popkomm steht Köln alljährlich im Rampenlicht der Unterhaltungsmusik. Aber es ist auch die heimliche Hauptstadt des Jazz. Der ›Kölsch-Rock‹ wurde von Gruppen wie BAP oder Brings in der gesamten Republik populär gemacht. Und nicht erst seit Karneval 1998, als die Karawane mit dem ›durstigen Sultan von Köln‹ loszog, haben mundsprachliche Bands wie die Bläck Fööss und die Höhner Hochkonjunktur.

Die vitale Kulturszene, aber ebenso die Lage im Zentrum Westeuropas machen Köln zu einem attraktiven Standort für die Medienproduktion. In den letzten Jahren hat sich die Rheinmetropole zur Fernsehproduktionsstadt Nr. 1 in Deutschland gemausert.

Eine Spitzenposition nimmt Köln auch als Messestandort ein. 1999 feierte die Kölner Messe, deren Gründung die Stadt ihrem früheren Oberbürgermeister Konrad Adenauer verdankt, ihr 75jähriges Bestehen. So ist Köln wieder zu einem Welthandelsplatz geworden.

Auch in anderer Hinsicht konnte die Rheinmetropole an frühere Weltoffenheit anknüpfen. Knapp ein Fünftel der Kölner Bürger hat keinen deutschen Pass. Türken, Italiener, Griechen, Spanier, Portugiesen und Bürger aus dem ehemaligen Jugoslawien leben in der Domstadt, viele von ihnen schon in der dritten Generation. Gerne schmückt sich Köln mit seinem multikulturellen Flair und seiner überaus vielfältigen Gastroszene, doch die Integration ausländischer Bürger bleibt auch hier vielfach auf der Strecke. Böse Zungen behaupten sogar, dass die sprichwörtliche Toleranz des Homo Coloniensis mit einem ausgeprägten Desinteresse an den Mitmenschen korrespondiert. Und da der Kölner sich mit Andersartigem nicht weiter auseinandersetzt, fällt ihm auch das vielbeschworene Leben-und-Leben-Lassen nicht schwer – zumindest solange ihm selbst kein Nachteil entsteht.

Ein weiterer Grundzug der kölschen Mentalität ist ein gewisser Fatalismus, das alltägliche »Et es, wie et es!« Dabei weiß sich der Kölner in jeder Lebenslage – sei es bei der Besetzung der Stadt durch die Franzosen oder beim ständigen Auf und Ab des 1. FC Köln – mit einem »Et kütt, wie et kütt!« zu trösten. Zum anderen beweist ihm die abwechslungsreiche Geschichte seiner Heimatstadt: »Et es noch immer jot jejange.« Dermaßen gewappnet schreitet der Kölner auch durchs dritte Jahrtausend mit großer Gelassenheit.

Ansteckend ist die ungebremste Lebenslust der Kölner, die alljährlich im Karneval ihren Höhepunkt erlebt. Der rheinische Frohsinn treibt aber auch außerhalb der Session seine Blüten. Ob Ringfest oder Christopher Street Day, Köln Marathon oder Mülheimer Gottestracht – in Köln wurde noch nie eine Gelegenheit zu feiern ausgelassen. So jagt vor allem im Sommer ein Happening das nächste, und durchweg sind sie alle gut besucht. Großes Gefallen finden vor allem farbenfrohe Umzüge, deren spektakulärster der überregional bekannte Rosenmontagszug ist. Vermutlich liegt diese Vorliebe der Kölner in den mittelalterlichen Reliquienprozessionen begründet. Die lässige Lebensart und die unbeschwerten Feste haben Köln wohl zu Recht den Beinamen ›nördlichste Stadt Italiens‹ eingetragen.

Geschichte

Hohenzollernherrscher hoch zu Ross

38 v. Chr.	Die Römer siedeln germanische Ubier am linken Rheinufer an. Die Siedlung *Oppidum Ubiorum* entsteht.
50 n. Chr.	Agrippina erwirkt von ihrem Mann, Kaiser Claudius, dass ihre Heimatstadt zur römischen Kolonie erhoben wird: *Colonia Claudia Ara Agrippinensium* (CCAA).
313	Das Toleranzedikt von Mailand gewährt freie Religionsausübung. Unter Bischof Maternus entsteht die erste Bischofskirche.
um 460	Köln gerät unter fränkische Herrschaft und wird Königsresidenz.
881	Normannen zerstören die Stadt.
953–965	Unter Erzbischof Bruno erlebt Köln einen Aufschwung und die erste Stadterweiterung.
1106	Die zweite Stadterweiterung bezieht die neuen Siedlungen außerhalb der Römermauer ein.
1164	Erzbischof Reinald von Dassel überführt die Gebeine der Heiligen Drei Könige von Mailand nach Köln. Die Stadt wird zum wichtigsten Wallfahrtsort nördlich der Alpen. Im ›heiligen Köln‹ entstehen zwölf romanische Kirchen (bis 1247).
1176	Wirtschaftlicher Aufschwung führt zur Gründung einer eigenen Kölner Hanse.

1180	Die dritte Stadterweiterung verdoppelt die Stadtfläche. Köln wird zur größten Stadt des Reiches.
1248	Grundsteinlegung zum gotischen Dom.
1288	In der Schlacht von Worringen erreicht die Bürgerschaft ihre Unabhängigkeit von der Vorherrschaft des Erzbischofs.
1388	Gründung der Universität.
1396	Der Verbundbrief legt eine demokratische Stadtverfassung fest.
1475	Köln wird als Freie Reichsstadt bestätigt.
16. Jh.	Luthers Schriften werden im Domhof verbrannt; die Reformation scheitert.
1794	Französische Revolutionstruppen besetzen die Stadt.
1815	Nach Abzug der Franzosen gerät Köln unter preußische Herrschaft.
1823	Der erste Rosenmontagszug zieht durch die Stadt.
1842–1880	Vollendung des Kölner Doms.
1938	In der ›Reichskristallnacht‹ am 9. November werden alle Synagogen zerstört.
1945	Köln ist zu 70%, die Innenstadt zu 90% zerstört; der Wiederaufbau dauert bis in die 70er Jahre.
1948	Die Ford-Werke produzieren den ersten Taunus.
1972	Heinrich Böll erhält den Literaturnobelpreis.
1985	Das ›Jahr der Romanischen Kirchen‹ feiert den Wiederaufbau der zwölf bedeutenden Gotteshäuser.
1998	Feier zur Grundsteinlegung des Kölner Doms vor 750 Jahren.
1999	Doppelgipfel der EU und der G7-Staaten.
2000	Eröffnung des Wallraf-Richartz-Museums.
2001	Eröffnung des Köln-Turms im Mediapark.

River Boat Shuffle auf dem Rhein

Kunst am Montag: An Montagen bleiben die städtischen Museen in Köln geschlossen. Kunst- und Kulturinteressierte werden jedoch nicht überall abgewiesen. Geöffnet sind u. a. das Erzbischöfliche Diözesanmuseum und die Domschatzkammer, Rathaus und Mikwe, die Photographische Sammlung der SK Stiftung Kultur und das Museum des Deutschen Tanzarchivs Köln der SK Stiftung Kultur sowie der Skulpturenpark.

Köln bei Regen: In Sachen Regen gehört Köln zu den bundesweiten Spitzenreitern. Doch auch bei schlechtem Wetter hat die Domstadt ihren Besuchern einiges zu bieten. Kölns Kunstschätze in etwa 50 Museen und Ausstellungsräumen verlieren auch bei Regen nicht an Glanz. In modernen Shoppingpassagen kann man genussvoll bummeln, einkaufen oder in einem der zahlreichen Cafés und Bistros dem Treiben zusehen.

Aussichtspunkte: Da die Aussichtsplattform im Fernmeldeturm Colonius bis auf weiteres geschlossen bleibt, ist der Blick aus der Vogelperspektive mit den Stra-pazen einer Dombesteigung verbunden. 509 Stufen führen auf den Südturm der Kathedrale, von wo sich bei klarem Wetter ein grandioser Rundumblick bietet.

Das Stadtpanorama genießt man auch bei einer Fahrt mit der Rheinseilbahn oder vom Köln-Turm im Mediapark (am Mitte 2001).

Kleines Karnevalsbrevier: Von Weiberfastnacht, dem Donnerstag vor Karneval, bis zum darauffolgenden Dienstag herrscht in Köln Ausnahmezustand. Geschäfte und Banken, Sehenswürdigkeiten und Museen, Schwimmbäder und andere öffentliche Einrichtungen sind an den tollen Tagen oft ganz geschlossen, Kneipen haben dafür fast rund um die Uhr geöffnet. Hochburgen des Trubels sind Altstadt, Eigelstein, Chlodwigplatz und Zülpicher Straße.

Die närrische Zeit genießt man frei nach dem Motto »Drei Dach (Tage) sich freue, nix bereue, dat es Karneval!« Hier noch einige Tipps: Mit bequemen Schuhen und Kleidung nach dem Zwiebelprinzip sind Sie für den Straßenkarneval ebenso gut angezogen wie für die Kneipe. Pappnase, ein jeckes Hütchen und Schminke gehören zur Grundausstattung; die entsprechenden Utensilien halten die Spezialabteilungen der Kaufhäuser bereit. Krawatte, die Mann lieb und teuer ist, sollte er an Weiberfastnacht nicht umbinden, denn die jecken Weiber sind auf Trophäenjagd. Schmuck und andere Wertsachen lässt man am besten zu Hause. Als Geldbörse hat sich der gute alte Brustbeutel bewährt, eine Handtasche ist im Getümmel nur hinderlich. Toiletten sind an Karneval immer überfüllt und meist alles andere als hygienisch einwandfrei. Wer ein Taxi sucht, muss vor allem Geduld haben. Nur in vollen Kneipen herrscht Stimmung: *schunkeln* und *bützen* inbegriffen. Verstehen Sie die Ausgelassenheit nicht falsch: Karneval ist nicht gleichbedeutend mit hemmungslosen alkoholischen und sexuellen Ausschweifungen.

Kölsche Redseligkeit: Der Kölner hat wenig Berührungsängste. Er verwickelt seine Mitmenschen auf der Straße oder in der Kneipe gern in ein Gespräch. Und das vertrauliche »du« kommt ihm schnell über die Lippen. In Kneipen kann man sich getrost zu anderen Gästen an den Tisch setzen, in Brauhäusern ist das die Regel.

Rheintour: Eine Fahrt mit den Ausflugsschiffen der Köln-Düsseldorfer gehört zu den schönsten Freizeitvergnügungen in Köln. Die Ausflugsboote verkehren täglich mehrmals zwischen Altstadt, Rheingarten und Rodenkirchen. Außerdem gibt es Kaffeefahrten am Nachmittag oder Abendfahrten mit Livemusik. Auch Eilige müssen nicht auf eine Rheinfahrt verzichten. Im Sommer pendeln die Personenfähren von Hans Linden zwischen Dom und der Messe Deutz. Nicht nur Messebesucher gelangen so bequem per Schiff ans jeweils andere Ufer.

Kölsche Tön

Alaaf Hochruf auf Köln; wer Helau ruft, outet sich als Tourist
Bützje – Harmloses, freundschaftliches Küsschen
Fastelovend/Fasteleer – Karneval; bloß nicht Fasching sagen
Dreigestirn – Jährlich neu ernannte oberste Repräsentanten des Karnevals, bestehend aus Prinz, Bauer und Jungfrau
Kamelle! Strüßjer! – Bonbons und kleine Blumengebinde – die Zauberformel am Weg, den der Zug nimmt
Nubbel – Strohpuppe, die am Ende der närrischen Tage den Flammen übergeben wird
schunkeln – Unterhaken und im Takt der Musik hin und her schaukeln
Session – Karnevalssaison
Sitzung – Karnevalsveranstaltung mit Büttenreden, Musik- und Tanzdarbietungen
Zoch – Karnevalsumzug

ℹ️ Reise-Service

Auskunft

Touristeninformation

KölnTourismus Office
Unter Fettenhennen 19
50667 Köln
Tel. 194 33 und 221-333 45
Fax 221-233 20
koelntourismus@stadt-koeln.de
Öffnungszeiten: Mai–Okt. Mo–Sa
8–22.30, So/Fei 9–22.30 Uhr,
Nov.–April Mo–Sa 8–21, So/Fei
9.30–19 Uhr
Umfassende Auskünfte, Prospekte
und Zimmervermittlung.

Köln im Internet

www.dumontverlag.de
Ausgesuchte Internet-Adressen zu
Köln gibt der DuMont Buchverlag
unter dem Stichwort Reiselinks.
www.koeln.de
Umfassende Präsentation der
Stadt Köln. Unter dieser Adresse
bietet u. a. das KölnTourismus Office Informationen in deutsch und
englisch über die Kölner Geschichte und Sehenswürdigkeiten, Ho-
teladressen, Sightseeing und Veranstaltungstermine.
www.cologneweb.com
www.city-guide.de
www.koeln-online.de
www.koelntourismus.de
Diese vier Adressen vermitteln
Wissenswertes über die Stadt und
Links zu anderen Kölnseiten im Internet.
www.marktplatz-koeln.de
Informationen über Hotels, Gaststätten und Geschäfte in Köln
www.koelnkongress.de
Informationen über den Tagungs-
ort Köln.
www.stadtrevue.de
www.koelner.de

Die beiden Stadtmagazine geben
aktuelle Tipps und Termine.
www.stadtanzeiger.de
www.express.de
Kölner Stadt-Anzeiger und Express halten Tagesnachrichten aus
Köln und der weiten Welt bereit.

Stadtmagazine

Kölner Illustrierte, StadtRevue und
Prinz Köln informieren monatlich
über Termine und aktuelle Themen. Der Kölner Stadt-Anzeiger
veröffentlicht in seiner Freitagsbeilage ›Ticket‹ die Veranstaltungs-
hinweise der jeweils folgenden
Woche. Schwule und Lesben informieren sich in ›Out‹, dem Stadtmagazin der Monatszeitung QUEER
oder in ›Raus in Köln‹.

Anreise

Mit dem Flugzeug

**Konrad-Adenauer
Flughafen Köln/Bonn**
Tel. 022 03/40 40 01, 40 40 02
Der Flughafen liegt knapp 20 km
südöstlich des Zentrums an der A
59. Busse der Linie 170 verkehren
tgl. von etwa 5.30–23 Uhr zwi-
schen Flughafen und Hauptbahn-
hof, bzw. Flughafen und Messe
Deutz, Fahrzeit ca. 30 Min. Die Ta-
xifahrt in die Innenstadt kostet ca.
45–50 DM.
Flughafen Düsseldorf
Tel. 02 11/42 10
Der Flughafen liegt eine knappe
Bahnstunde von Köln entfernt.

Mit dem Zug

Reiseservice der Deutschen Bahn
Tel. 01 80/599 66 33 (Fahrplan-

und Tarifauskunft, Reservierung, Buchung, Fahrscheinbestellung) Köln ist mit allen deutschen und vielen europäischen Großstädten direkt verbunden. Die Verladestation der Autoreisezüge liegt rechtsrheinisch beim Bahnhof Deutz.

Mit dem Bus

Tel. 13 52 52, 13 65 67 (internationale Busse)
Tel. 01 80/413 13 13 (Nahverkehr)
Der zentrale Busbahnhof für Fern- und Regionalbusse befindet sich auf dem Breslauer Platz, unmittelbar hinter dem Hauptbahnhof.

Mit dem Auto

Köln ist vortrefflich an das europäische Autobahnnetz angeschlossen. In den sechsspurigen Autobahnring, der die Stadt umschließt, münden neun Autobahnen: linksrheinisch A 57 (Krefeld), A 4 (Aachen), A 1 (Koblenz) und A 555 (Bonn) – rechtsrheinisch A 59 (Düsseldorf), A 3 (Oberhausen), A 4 (Olpe), A 3 (Frankfurt) und A 59 Siegburg. Auf dem Autobahnring gilt in der Regel Tempo 100 km/h.

Mitfahrzentralen

Citynetz, Saarstraße 22, Nähe Barbarossaplatz, Tel. 194 44
ADM-Köln, Maximinenstraße 2, Nähe Hauptbahnhof, Tel. 194 40

Unterwegs in Köln

Mit Bus & Bahn

Kölner Verkehrsbetriebe (KVB)
Tel. 547 33 33
Internet: www.kvb-koeln.de

Busse und Bahnen verkehren werktags zwischen 4 Uhr morgens und 2 Uhr nachts, an Wochenenden und vor Feiertagen durchgehend (ab Mitternacht allerdings nur im Stundentakt).

Fahrscheine gibt es in allen U-Bahnhöfen, den größeren Straßenbahn- und Bushaltestellen sowie in ausgewiesenen Kiosken. Die Fahrkartenautomaten in Bussen und Bahnen geben gegen Münzeinwurf nur Einzelfahrscheine (ab 2,10 DM). Preiswerter sind Mehrfahrtentickets oder, je nach Bedarf, Sonderfahrausweise wie 24-Stundenkarte, 3-Tage- und Minigruppenkarte.

Informationen zu den Tarifen und Kurzstreckenbereichen an allen Haltestellen.

Mit dem Taxi

Taxi-Ruf Köln
Tel. 28 82 und 194 10
Taxis warten am Hauptbahnhof und an den zentralen Plätzen der Stadt. Der Grundpreis beträgt 3,60 DM; der Fahrkilometer kostet 2,30 bzw. nachts 2,50 DM.

Mit dem Auto

Ein elektronisches Verkehrsleitsystem soll den Individualverkehr in der Kölner City optimal führen. Jedoch erschweren Parkplatzsuche, Staus zur Hauptverkehrszeit sowie Einbahnstraßenregelungen vor allem dem Ortsunkundigen das zügige Vorankommen. Am Stadtrand kann man sein Auto auf einem der zahlreichen Park & Ride Plätze abstellen und mit der Bahn weiterfahren. In der City ist es ratsam, eines der 36 Parkhäuser aufzusuchen, da Falschparker häufig abgeschleppt werden.

ℹ️ Reise-Service

Autovermietung (Auswahl):
AVIS
Zentrale, Tel. 061 71/68 18 00
Flughafen Köln-Bonn
Tel. 022 03/40 23 43
Clemensstr. 29–31
Tel. 23 43 33, Fax 24 16 99
Europcar
Zentrale, Tel. 01 80/580 00
Flughafen Köln-Bonn
Tel. 022 03/95 58 80, Fax 022 03/
955 88 66
Christophstr. 26–28
Tel. 912 60 10, Fax 91 26 01 66
Hertz
Zentrale, Tel. 01 80/533 35 35
Flughafen Köln-Bonn
Tel. 022 03/610 85
Bismarckstr. 19–21
Tel. 51 50 84-7, Fax 52 95 92
Sixt/Budget
Zentrale, Tel. 01 80/526 02 70
Flughafen Köln-Bonn
Tel. 01 80/5 26 25 25
Aachener Str. 226–232
Tel. 954 23 00, Fax 546 15 63

Mit dem Fahrrad

Kölner Fahrradverleih
Markmannsgasse
(neben der Deutzer Brücke)
Tel. 72 36 27; 01 71/629 87 96
April–Oktober Fahrradverleih so-
wie tgl. um 13.30 Uhr dreistündi-
ge Velotouren mit Führer.
Perpedalo Rikscha-Taxis
Standorte: Neumarkt, Rudolfplatz,
Dom
Tel. 01 70/481 64 15
Schnell und bequem per Rikscha
durch die Kölner City.

Schiffstouren

Dampfschiffahrt Colonia
Hohenzollernbrücke
Tel. 257 42 25 und 38 16 64
Ostern bis Ende Okt. mehrmals

tgl. einstündige Panoramarund-
fahrten rheinabwärts zum Zoo
und nach Mülheim. Ab Pfingsten
zweistündige Abendfahrten mit
Livemusik.
Hans Linden
Tel. 38 47 38
Personenfähre neben der Hohenzollernbrücke zwischen Konrad-
Adenauer-Ufer und Messe Deutz,
Mai bis Okt. tgl. ca. 10–17.30 Uhr
sowie bei Messen 7.30–17.30 Uhr.
Köln-Düsseldorfer Deutsche
Rheinschiffahrt (KD)
Frankenwerft 1/Rheingarten
Tel. 208 83 18 und 208 83 19
Ostern bis Ende Okt. mehrmals tgl.
einstündige Panoramarundfahrten
mit der KD-Flotte rheinaufwärts
nach Rodenkirchen; tgl. zweistündige Kaffeefahrten; mehrmals wöchentlich Abendfahrten mit Livemusik. Außerdem tgl. mit norma-
len Schiffen, dem Tragflügelboot
›Rheinjet‹ oder dem historischen
Schaufelraddampfer   ›Goethe‹
rheinaufwärts, z. B. bis Königswin-
ter/Drachenfels. Zusätzliche Aus-
flugsangebote in den Sommerferien und in der Weihnachtszeit.
KölnTourist Personenschiffahrt
am Dom
Konrad-Adenauer-Ufer
Tel. 12 16 00 und 12 17 14
Ostern bis Ende Okt. mehrmals tgl.
einstündige Panoramarundfahrten rheinaufwärts nach Rodenkirchen; Mitte Okt. bis Weihnach-
ten mittags zwei Fahrten. In den
Sommerferien freitags Tagesfahrt
zum Winzerort Königswinter.

Köln aus der Luft

Rhein-Seilbahn
April–Okt. tgl. 10–18 Uhr
Gondelbahn über den Rhein zwischen Zoo/Flora und dem Rheinpark in Deutz.

Rundflüge
Flight Training Cologne
Flughafen Köln/Bonn
Tel. 022 03/40 24 52
15-minütige Flüge über Köln, ca.
200 DM für max. 3 Passagiere.

Ballonfahrten
Gillaux Balloning
Tel. 940 53 90
Vom Forstbotanischen Garten
oder in Bergisch Gladbach starten
die Ballons zu Fahrten über Stadt
und Umland, 290–370 DM pro
Person.

Stadtführungen

Über die Termine von Stadt-
führungen informieren die Monatsvorschau von KölnTourismus,
die Stadtmagazine Kölner Illustrierte und StadtRevue sowie die
Freitagsbeilage ›Ticket‹ im Kölner
Stadt-Anzeiger.

Detaillierte Auskunft erteilen:
KölnTourismus Office
Unter Fettenhennen 19
Tel. 221-233 32
Mehrmals tgl. starten vom Tourismus Office Busse zu zweistündi-
gen Stadtrundfahrten: April–Okt.
10, 11, 14 und 15 Uhr, Mai–Sept.
zusätzlich Sa 17 Uhr; Nov.–März
11 und 14 Uhr. Außerdem gibt es
ein umfangreiches Angebot an
Besichtigungsprogrammen für In-
dividualreisende und Reisegrup-
pen.

**Domforum/Katholisches
Bildungswerk Köln**
Domkloster 3 (vis-à-vis vom Dom)
Tel. 92 58 47 20
Mo–Fr 10–18.30, Sa 10–17, So
13–17 Uhr
Domführungen Mo–Sa 11, 12.30,
14 und 15.30, So 14 und 15.30
Uhr; mehrmals tgl. Diaschau über
den Dom; Di und Do 16.15 Uhr

sowie Sa 10.15 Uhr Führungen
durch die Dom-Ausgrabungen,
mehrmals wöchentlich Führungen
durch Kölner Kirchen (Voranmeldung erwünscht).

inside Cologne – City Tours
Tel. 52 19 77
Führungen zu historischen und
kölschen Themen sowie viele An-
gebote für Kinder.

Kölner Bier & Brauhäuser
Tel. 73 76 73
Auf den Spuren der Kölner Brauer
führt Detlef Rick durch die Kölner
Altstadt. Natürlich sieht der Spa-
ziergang Einkehr in verschiedenen
Brauhäusern vor.

Kölner Frauengeschichtsverein
Tel. 24 82 65
Ob Hexenverfolgung oder Frauen-
zünfte des späten Mittelalters,
auch Männer können hier Wissenswertes über das Leben von
Frauen in Köln erfahren.

StattReisen Köln
Tel. 73 80 95
Die Führungen, auch zu den weniger bekannten Ecken Kölns, vermitteln Einblicke in kulturelle, poli-
tische, wirtschaftliche und soziale
Aspekte der Stadtentwicklung.

Verein Kölner Stadtführer
Tel. 31 26 43
Führungen zu historischen und
kulturellen Themen – von Kölner
Heilige bis Karneval –, teils auch in
kölscher Mundart.

Behinderte

Über die behindertengerechte
Ausstattung der Museen informiert eine Broschüre des Mu-
seumsdienstes Köln, Tel. 221-
240 77.
 Bei der Kölner Taxizentrale können behindertengerechte Wagen
angefordert werden.

Zu Gas

Sie suchen die urigsten Brauhäuser und schrillsten Szenekneipen? Bevorzugen Sie eine deftig-kölsche oder exotisch-pikante Küche? Beim Aufwachen möchten Sie den Dom sehen? Ob hippe oder extravagante Shoppingangebote, ausgelassene Feste oder bekannte Sehenswürdigkeiten: Dieser Köln-Führer gibt Ihnen nützliche Tipps und ausgesuchte Adressen an die Hand, damit Ihr Aufenthalt zu

r in Köln

einem Erlebnis wird. Die große Extra-Karte erleichtert die Orientierung; die Gitternetzangaben bei allen Adressen ersparen langes Suchen. Die Köln-Highlights, die Sie nicht verpassen sollten, sind auf dieser Karte besonders hervorgehoben. Und wer Köln auch abseits von Dom und Altstadt kennenlernen möchte, sollte sich von den Extra-Touren leiten lassen ...

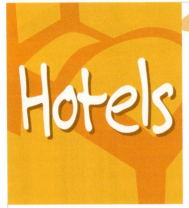

In Köln bieten etwa 250 Hotels und Pensionen für jeden Geschmack die passende Unterkunft. Das KölnTourismus Office hält für Kölnbesucher ein komplettes, alphabetisch sortiertes Hotelverzeichnis mit Lageplan bereit und ist bei der Zimmervermittlung – sowohl vor Ort als im voraus – gegen eine Vermittlungsgebühr von 5 bzw. 6 DM behilflich. Reservierungen sollten mindestens drei Wochen vor dem Reisetermin per Brief oder Fax (0221/2 21-233 20) erfolgen. Eine Direktbuchung können Sie selbstverständlich auch über das Internet vornehmen: www.koeln.de

Übernachten in Köln ist nicht gerade ein preiswertes Vergnügen. Wer nur wenig zahlen möchte, muss Abstriche bei Komfort, und Ausstattung in Kauf nehmen. An Messetagen sind erschwingliche Zimmer nur schwer zu finden; das Preis-Leistungs-Verhältnis gerät schon mal aus den Fugen. Die angegebenen Preise spiegeln die gesamte Spanne vom Normal- bis zum Messetarif wieder. Insbesondere die größeren Hotels gewähren an Wochenenden günstige Sondertarife – Nachfragen lohnt sich.

Günstig – ab 70 DM

Eine Reihe preiswerter Hotels mit sehr einfacher Ausstattung liegt nördlich vom Hauptbahnhof zwischen Brandenburger Straße und Machabäerstraße. Auch in der Altstadt gibt es günstige Unterkünfte; der Rheinblick entschädigt für die Lärmbelästigung durch Nachtschwärmer. Parkplätze sucht man in den engen, verkehrsberuhigten Altstadtgassen vergebens.

Alter Römer (Nebenkarte)

Am Bollwerk 23, 50667
Tel. 258 18 85, Fax 257 05 23
H Heumarkt
EZ 95–200 DM, DZ 120–200 DM
Unmittelbar am Rheingarten gelegenes, kleines 12-Zimmer-Haus. Das Hotel ist – wie so häufig in der Altstadt – durch das Lokal im Erdgeschoss zu betreten. Die hellen, geräumigen Zimmer haben in der Mehrzahl Rheinblick.

Am Rathaus (Nebenkarte)

Bürgerstr. 6, 50667
Tel. 257 76 24, Fax 258 28 29
H Dom/Hbf
EZ 75–100 DM, DZ 120–160 DM
Sehr einfaches, kleines Gasthaus mit 9 spartanisch möblierten Zimmern, die recht hellhörig sind; Duschen im Zimmer, Etagentoilette. Recht laut durch die Gaststätte im Erdgeschoss.

Casa Colonia (E 4)

Machabäerstr. 63, 50668
Tel. 160 60 10, Fax 160 60 18
H Breslauer Platz
www.casa-colonia.de
EZ 105–285 DM, DZ 125–320 DM
Das Familienhotel in einem Haus von Ende des 19. Jh. bietet 13 kürzlich geschmackvoll renovierte Zimmer. In Nr. 23 sieht man beim Aufwachen die Domtürme.

Günstig	Doppelzimmer (DZ) 70–160 DM
	Einzelzimmer (EZ) 50–110 DM
Moderat	Doppelzimmer 169–220 DM
	Einzelzimmer 129–175 DM
Teuer	Doppelzimmer 304–365 DM
	Einzelzimmer 175–315 DM
Luxus	Doppelzimmer ab 390 DM
	Einzelzimmer ab 320 DM

Alle Preise beziehen sich auf die Saison 2001 und gelten – wenn nicht anders vermerkt – inklusive Frühstück.
Bei großen Messen (s. u.) gelten die angegebenen Höchstpreise.

Christina (D 10)
Bischofsweg 46, 50969
Tel. 37 63 10, Fax 376 31 99
H Ulrepforte
EZ 108–198 DM, DZ 148–238 DM
Das neue Haus mit 67 schlichten, aber praktisch eingerichteten, hellen Zimmern liegt auf den ersten Blick etwas abseits, jedoch in unmittelbarer Nähe von Volksgarten und Südstadt. Ca. 5 Minuten Fußweg zur Straßenbahnhaltestelle am Sachsenring; kostenlose überdachte Parkplätze.

Domgarten (E 4)
Domstraße 26, 50668
Tel. 12 03 03, Fax 13 81 87
H Breslauer Platz
EZ 95–195 DM, DZ 135–295 DM
Den altmodischen Charme des Familienhotels hinter denkmalgeschützter Fassade entdeckte auch das Fernsehen: Hier hatte Kommissar Klefisch, alias Willy Millowitsch, seinen Auftritt, und auch die Lindenstraße kehrte ein.

Hotel am Stadtgarten (B 5)
Venloer Str. 39, 50672
Tel. 951 41 60, Fax 569 99 93
H Friesenplatz
EZ 110–190 DM, DZ 160–260 DM; Frühstück 15 DM

In dem schmalen Haus vis-à-vis vom Stadtgarten finden 14 komfortable Zimmer mit jeweils eigener Küchenzeile Platz. Frühstück wird jedoch auf Wunsch auf dem Zimmer serviert.

Pension Jansen (B 6)
Richard-Wagner-Str. 18, 50674
Tel. und Fax 25 18 75
H Rudolfplatz
EZ 50–80 DM, DZ 100–120 DM
In dem großen Jugendstilhaus

Messetermine

Januar: Möbelmesse und Süßwaren-Messe
Februar: Herren-Mode-Woche und DOMO-TECHNIKA (in ungeraden Jahren)
März: Eisenwarenmesse
Mai: interzum (in ungeraden Jahren)
September: SPOGA/GAFA und photokina (in geraden Jahren)
Oktober: Anuga (in ungeraden Jahren)

mitten im Belgischen Viertel sind gleich zwei Pensionen untergebracht (s. u.). Im 2. Stock (kein Aufzug) werden 6 gemütliche Zimmer vermietet, freundlicher Service, Etagenbad.

Pension Otto (B 6)

Richard-Wagner-Str. 18, 50674
Tel. 25 29 77, Fax 257 28 66
H Rudolfplatz
EZ 50–80 DM, DZ 90–150 DM
Sehr ansprechend renoviert sind die 4 Pensionszimmer im 1. Stock: Mediterrane Farben und hohe Stuckdecken verbreiten eine angenehme Atmosphäre. Besonders hübsch ist Zimmer Nr. 3 mit dem kleinen runden Erker.

Pilar (G 5)

Siegesstr. 34, 50679
Tel. 88 20 01, Fax 88 20 02
H Deutzer Freiheit
EZ 110–175 DM, DZ 160–240 DM
Modernes, bürgerlich eingerichtetes 12-Zimmer-Haus in der Nähe von Messe, Kölnarena und der Traditionsgaststätte Lommerzheim.

Rhein-Hotel St. Martin (Nebenkarte)

Frankenwerft 31–33, 50667
Tel. 257 79 55, Fax 257 78 75
rheinhotel@netcologne.de
H Heumarkt
EZ 65–155 DM, DZ 115–255 DM
Einfache und preiswerte Unterkunft unmittelbar am Fischmarkt und Rheingarten. Alle 44 Zimmer mit Dusche, teilweise Etagentoilette, zur Hälfte mit Rheinblick.

Station – Backpacker's Hostel (E 4)

Marzellenstraße 44–48, 50668
Tel. 912 53 01, Fax 912 53 03,
www.hostel-cologne.de
H Dom/Hbf
EZ 40 DM, DZ 35 DM, 3- bis 6-Bett

27–32 DM jeweils pro Person; zuzügl. einmalig 3 DM für Bettwäsche und Frühstück
Das Station in Bahnhofsnähe ist Treffpunkt junger Rucksackreisender aus aller Welt. Dependance in der Altstadt, Rheingasse 34–36.

Tagungs- und Gästehaus St. Georg (E 9)

Rolandstr. 61, 50677
Tel. 93 70 20-0, Fax 93 70 20 11
www.gaestehaus-st-georg.de
H Chlodwigplatz
EZ 65–120 DM, DZ 110–200 DM
Das Gästehaus der Pfadfinder in der Südstadt bietet 31 schlichte, überwiegend mit Dusche, WC und Telefon ausgestattete Zimmer in historischem Haus; behindertengerechte Unterbringung möglich. Für Seminare und Feste stehen 9 moderne Tagungsräume zur Verfügung. Erholung und Entspannung versprechen Foyer-Café, Dachterrasse und Meditationsraum.

Thielen (E 4)

Brandenburger Str. 1–5, 50668
Tel. 12 33 33, Fax 12 14 92
H Breslauer Platz
EZ 75–160 DM, DZ 90–260 DM
Das Familienhotel mit der schön restaurierten Jugendstilfassade befindet sich wenige Schritte nördlich vom Hauptbahnhof in einer ruhigen Seitenstraße. 46 altdeutsch eingerichtete Zimmer, überwiegend mit Dusche und WC.

Weber (C 7)

Jahnstr. 22, 50676
Tel. 23 32 82, Fax 23 00 60
H Zülpicher Platz
EZ 95–130 DM, DZ 140–190 DM
Bürgerliches Hotel in ruhiger Lage zwischen Neumarkt und Hohenstaufenring. Die einfach möblierten 28 Zimmer sind größtenteils mit Bad ausgestattet.

Moderat – ab 169 DM

Antik Hotel Bristol (C 4)
Kaiser-Wilhelm-Ring 48, 50672
Tel. 12 01 95, Fax 13 14 95
www.antik-hotel-bristol.de
H Christophstr.
EZ 165–320 DM, DZ 195–380 DM
44 mit antikem Mobiliar individuell eingerichtete Zimmer, von der Tiroler Bauernstube bis zum prunkvollen Hochzeitszimmer mit Himmelbett aus einem sächsischen Herrenhaus. Selbstverständlich muss hier niemand auf den üblichen neuzeitlichen Komfort verzichten.

Chelsea (B 6)
Jülicher Str. 1, 50674
Tel. 20 71 50, Fax 23 91 37
www.hotel-chelsea.de
H Rudolfplatz
EZ 129–220 DM, DZ 169–280 DM (2 EZ ohne Bad, 70–100 DM); Frühstücksbuffet 16 DM
Hier nehmen Leute aus der Kunstszene immer wieder gerne Quartier. Das Aus-Checken ist bis 13 Uhr möglich; Frühstück wird bis 12 Uhr serviert. Danach lädt das Szenerestaurant Café Central im Erdgeschoss bis in den frühen Morgen ein. Die 30 individuell zugeschnittenen, schicken Zimmer sind technisch bestens ausgestattet. Da Künstler im Chelsea schon mal in ›Naturalien‹ zahlen, schmücken Originalkunstwerke alle Räume: So wacht in Zimmer 32 die ›Sympathische Kommunistin‹ von Martin Kippenberger über Ihren Schlaf.

Cristall Design Hotel (D 4)
Ursulaplatz 9–11, 50668
Tel. 163 00, Fax 163 03 33
H Breslauer Platz
EZ 160–330 DM, DZ 210–410 DM
In zentraler Lage nahe dem Bahn-

Nächtigen wie ein sächsischer Fürst: im Antik Hotel Bristol

hof besticht das Cristall durch außergewöhnliches Design. Im jungen, coolen Ambiente fühlen sich insbesondere Musiker und Leute aus der Medienbranche wohl. Erster Blickfang sind die knallbunten Polstermöbel in der Lobby. Die 84 Zimmer sind mit handgefertigten Unikatmöbeln ausgestattet. Frühstück bis 11 Uhr, Aus-Checken bis 12 Uhr.

Hopper (B 6)
Brüsseler Str. 26, 50674
Tel. 92 44 00, Fax 92 44 06
www.hopper.de
H Rudolfplatz
EZ 139–299 DM, DZ 179–349 DM; Frühstücksbuffet 19 DM
1997 wurden die ehemaligen Klosterzellen der Barmherzigen Brüder zu 49 komfortablen Hotelzimmern umgebaut. Eukalyptus-Parkett, Kirschbaummöbel und Marmorbäder bestimmen das schlichte, aber edle Design. Die Suite Nr. 503 bietet als besonderes Extra eine eigene kleine Dachter-

Atmosphäre wie im letzten Italienurlaub: im Brenner'schen Hof

rasse. Ausstattung mit moderner Technik und Konferenzräumen. In der ehemaligen Klosterkapelle mit der Innenhofterrasse wird leichte Bistroküche serviert. Exklusiver wohnt man im Hopper St. Antonius (E 3, Dagobertstr. 32, nahe der Musikhochschule, Tel. 166 00).

Insel-Hotel (G 5)

Constantinstr. 96, 50679
Tel. 880 34 50, Fax 880 34 90
www.insel-koeln.de
H Bf Deutz/Messe
EZ 150–280 DM, DZ 210–380 DM
Modern eingerichtetes Stadthotel mit Design-Anspruch in Nähe von Messe und Kölnarena. 42 Zimmer, auch Nichtraucher- und behindertengerechte Räume.

Mado (C 8)

Moselstr. 36, 50674
Tel. 92 41 90, Fax 92 41 91 01
www.hotelmado.de
H Dasselstr.
EZ 158–268 DM, DZ 198–416 DM
Mitten im Studentenviertel Kwar-

tier Latäng liegt dieses moderne, komfortabel ausgestattete 51-Zimmer-Hotel. Die Lobby mit Terrakottaboden und Korbmöbeln sowie der kleine Biergarten im Innenhof verbreiten italienisches Flair. Besonders ruhig sind die Zimmer im Anbau. Sonnenterrasse und Wellness-Bereich ermöglichen Entspannung. Konferenzraum für 25 Personen, kostenfreies Parken.

Viktoria (F 2)

Worringer Str. 23, 50668
Tel. 973 17 20, Fax 72 70 67
www.hotelviktoria.com
H Reichensperger Platz
EZ 175–320 DM, DZ 220–460 DM
Details der Innenausstattung erinnern daran, dass die Jugendstilvilla 1905 ursprünglich als Musikhistorisches Museum erbaut wurde. Das Hotel mit den 47 geschmackvoll eingerichteten Zimmern zeichnet sich durch persönliche Atmosphäre aus. In der Nachbarschaft liegen das Agnesviertel mit vielen Kneipen sowie der Skulpturenpark.

Teuer – ab 304 DM

Brenner'scher Hof (außerh.)

Wilhelm-von-Capitaine-Str. 15–17
50858 Köln-Junkersdorf
Tel. 94 86 00-0, Fax 94 86 00-10
www.brennerscher-hof.de
H Kölner Weg 145
EZ 175–415 DM, DZ 304–450 DM
In der ehemaliger Schnapsbrennerei von 1754 im Vorort Junkersdorf hat ein Firstclass-Gasthof im Landhausstil Einzug gehalten. Kühler Armani-Stil bestimmt die 8 luxuriösen Apartments für Dauergäste in der Dependance. Drei Restaurants sorgen fürs leibliche Wohl.

Crowne Plaza (B 6)

Habsburgerring 9–13, 50674
Tel. 228-0, Fax 25 12 06
H Rudolfplatz
EZ 315–585 DM, DZ 365–615 DM; kontinentales Frühstück 12,50 DM oder Frühstücksbuffet 29 DM
301 komfortabel eingerichtete Zimmer und Suiten, auch behindertengerecht. Ab der 4. Etage öffnet sich der Blick über die Stadt. Schwimmbad, Sauna, Fitnessbereich, Konferenzräume. Das Restaurant ›Die Auster‹ ist auf Meeresfrüchte spezialisiert; das ›Le Bouquet‹ serviert internationale Küche; Fr und Sa ab 22 Uhr Soul & Funk live in ›Paul's Club‹.

Dorint Kongress-Hotel Köln (C 5)

Helenenstr. 14, 50667
Tel. 27 50, Fax 275 13 01
www.dorint.de/koeln-kongress
H Friesenplatz
EZ 305–595 DM, DZ 305–635 DM; Frühstücksbuffet 30 DM
Das moderne Business-Hotel fungiert in der Karnevalszeit als Hofburg des Kölner Dreigestirns. Ab dem 6. Stock gewähren die Zimmer ebenso wie der ›Cologne Club‹ (Di–Sa ab 22 Uhr) im 12. Stock den Blick auf die Stadt. 284 großzügige Zimmer und Suiten, 2 behindertengeeignet, Nichtraucherbereich auf drei Etagen, Schwimmbad, Sauna, Fitnessbereich, Sonnenterrasse, Konferenzräume. Vorzügliche Sushis im ›Kabuki‹, Snacks in ›Jimmy's Bar‹ und feine international inspirierte Küche in der ›Bergischen Stube‹.

Maritim Hotel (Nebenkarte)

Heumarkt 20, 50667
Tel. 202 70, Fax 202 78 26
www.maritim.de
H Heumarkt
EZ 239–550 DM, DZ 304–644 DM
Die imponierende, lichtdurchflutete Hotelhalle lädt nicht nur Hotelgäste mit Shops und Lokalen zum Flanieren ein. Im Panoramarestaurant und -café ›Bellevue‹ kann man mit Blick auf die Altstadt und den Rhein schlemmen. Die Veranstaltungsräume werden für Seminare und Kongresse ebenso wie für große Festlichkeiten genutzt. 454 Zimmer, 2 behindertengerecht, 28 Suiten, Sauna, Schwimmbad, Fitnessbereich.

Renaissance Köln Hotel (C 5)

Magnusstr. 20, 50672
Tel. 203 40, Fax 203 47 77
www.renaissancehotels.com
H Friesenplatz
EZ 265–595 DM, DZ 305–635 DM; Frühstück 29,50 DM
Modernes Business-Hotel mit dennoch individueller familiärer Atmosphäre. 236 luxuriös ausgestattete Zimmer und Suiten. Wellness- und Fitnessbereich sowie professionell ausgerüstetes Business-Center. Das elegante Restaurant ›Raffael‹ und die Brasserie ›Valentino‹ erfüllen kulinarische Wünsche; klassische Cocktails und Zigarren bietet ›Alexander's Bar‹.

Hotel im Wasserturm

Luxus – ab 390 DM

Dom-Hotel (Nebenkarte)
Domkloster 2 a, 50667
Tel. 20 24-0, Fax 20 24-4 44
Reservierung 202 42 50
www.lemeridien-hotels.com
H Dom/Hbf
EZ 385–595 DM, DZ 525–835 DM
Bereits seit 1857 beherbergt der spätwilhelminische Prunkbau im Schatten der Kathedrale höchst illustre Gäste. Die 125 Zimmer und Suiten sind mit Antiquitäten ausgestattet und zeichnen sich durch klassische Eleganz aus. Die Aussicht auf den Dom bleibt allerdings den Luxuszimmern vorbehalten. Im vornehmen Wintergarten-Restaurant im Erdgeschoss kann man das bunte Treiben auf dem Roncalliplatz beobachten.

Hotel im Wasserturm (D 7)
Kaygasse 2, 50676
Tel. 20 08-0, Fax 20 08-8 88
www.hotel-im-wasserturm.de
H Poststr.
EZ 320–590 DM, DZ 390–690 DM; Frühstück 29 DM

Ein ehemaliger Wasserturm aus dem 19. Jh. gibt den ausgefallenen Rahmen für Kölns extravagantestes Hotel. ›Kölsche Engelsburg‹ nennt der Volksmund den markanten, zylinderförmigen Backsteinbau. Die avantgardistische Inneneinrichtung entwarf die französische Stardesignerin Andrée Putman. Persönlicher Service wird hier ganz groß geschrieben. Im rundum verglasten Restaurant auf dem Dach des Gebäudes kann man aussichtsreich speisen. 90 individuell eingerichtete Zimmer und Suiten; kostenfreie Parkplätze in der hauseigenen Tiefgarage.

Hyatt Regency Köln (F 5)
Kennedy-Ufer 2a, 50679
Tel. 828-12 34, Fax 828-13 70
www.cologne.hyatt.com
H Bf Deutz/Messe
EZ 350–580/595/645 DM, DZ 395–620/635/685 DM; Frühstück 32 DM
Der postmoderne Glasbau am rechten Rheinufer bietet seinen Gästen den schönsten Blick auf die Kölner Altstadt und den Dom. Internationale Showgrößen wissen das einmalige Panorama ebenso wie die luxuriösen Suiten und den professionellen Service zu schätzen. Gaumenschmaus bietet das Gourmet-Restaurant ›Graugans‹, Augenschmaus der Biergarten an der Rheinfront. 305 Zimmer und Suiten, Wellness- und Fitnessbereich, vielfältige Konferenzmöglichkeiten und Ballsaal.

Apartments

Hotel und Therme Mauritius (C 6)
Mauritiuskirchplatz 3–11, 50676
Tel. 924 13-0, Fax 92 41 33 33
www.mauritius-ht.de
H Mauritiuskirchplatz

EZ 215–410 DM, DZ 255–495 DM inkl. Frühstücksbuffet und Thermenbenutzung
Die 80 komfortabel eingerichteten Apartments verfügen über Pantryküche und Business-Ausstattung. Auffällig sind die Bäder mit knallrotem Bodenbelag und großzügiger, behindertengerechter Dusche. Apartment Nr. 23 hebt sich mit komplett ausgestatteter Küche und Marmorbad vom Durchschnitt ab. Zur Entspannung laden die Saunalandschaft und die Dachterrasse mit Domblick ein.

Jugendgästehäuser

Jugendherberge Deutz (G 5)
Siegesstr. 5a, 50679
Tel. 81 47 11, Fax 88 44 25
JH-Deutz@t-online.de
H Bf Deutz/Messe
33 DM bis 26 Jahre, 38 DM ab 27 Jahre, inkl. Frühstück und Bettwäsche
Nur wenige Gehminuten vom Bahnhof Deutz entfernt, in Nähe der Kölnarena und Messe. Das Frühstück wird nach guter alter Herbergssitte 7–9 Uhr aufgetischt. 68 Zimmer mit 374 Betten, auch Familien- und Doppelzimmer, Seminarräume. Übernachtung nur mit Jugendherbergsausweis.

Jugendgästehaus Köln-Riehl (H 1)
An der Schanz 14, 50735, Riehl
Tel. 76 70 81, Fax 76 15 55
jgh-koeln-riehl@t-online.de
H Boltensternstr.
EZ 65 DM, DZ 50 DM, 3- bis 6-Bett 40 DM jeweils pro Person, inkl. Frühstück und Bettwäsche
Das Gästehaus liegt sehr hübsch in der Rhieler Rheinaue. Alle Zimmer mit eigener Dusche und WC. 35 behindertengerecht ausgestat-

tete Zimmer, 366 Betten, 13 Seminarräume, Bistro. Hier gibt es keine Sperrstunde. Übernachtung nur mit Jugendherbergsausweis.

Mitwohnzentralen

City Mitwohnzentrale
Maximinenstr. 2, Tel. 194 30.
Home Company
An der Bottmühle 16,
Tel. 194 45.
Zeitwohnagentur
Lindenstr. 77, Tel. 21 05 11.

Privatzimmer-vermittlung

Homestay Agency Köln
Tel. 022 02/94 00 08, Fax 94 00 09
50–125 DM pro Person inkl. Frühstück
Bed & Breakfast Köln
Tel. 05 11/16 95 55-0, Fax 16 95 55-1
Mo–Fr 9–12, 14–18 Uhr
EZ ca. 65 DM, DZ 120–180 DM; inkl. Frühstück.

Camping

Campingplatz Berger (außerh.)
Uferstr. 71, 50996 Rodenkirchen
Tel. 935 52 40, Fax 935 52 46
10 DM Stellplatz, 8 DM pro Person
Mit Bus 130 (500 m zur Haltestelle) und Straßenbahnlinie 16 zum Dom oder mit dem Rad am Rheinufer entlang ca. 5 km zum Dom. Ganzjährig geöffneter Zelt- und Campingplatz unmittelbar am Rhein im Kölner Süden. Ca. 125 Stellplätze für Kurzbesucher. In den hochwassergefährdeten Monaten (Nov. bis März) wird Voranmeldung dringend empfohlen.

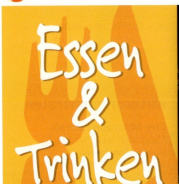

Seele des Brauhauses: der Köbes mit dem Kölsch-Kranz

Brauhäuser

Wenn es *ein* Synonym für kölsche Tradition gibt, dann ist es das Brauhaus. Das in der Hausbrauerei selbst produzierte helle, obergärige Kölsch fließt hier direkt vom Fass in die ›Stange‹ (ein schlankes 0,2-l-Glas). Serviert wird es vom blaugeschürzten, schlagfertig bis ruppigen ›Köbes‹, der auf diese Anrede auch meist schneller reagiert als auf ›Ober‹ oder ›Kellner‹. Doch wundern Sie sich nicht: Meist bringt er unaufgefordert das nächste Glas. Vor einem Kater bewahrt die Grundlage aus deftigen, typisch kölschen Spezialitäten. Todsünde: Pils, Glühwein, Milch o. ä. bestellen!

Em golde Kappes (außerh.)
Neusser Str. 295
Tel. 73 49 32, Mo–Sa 10–24 Uhr
H Florastr.   günstig
In dem großen Veedelslokal von 1913 (300 Innen-, 100 Außenplätze) lässt sich ein meist gutbürgerliches Publikum Mühlen-Kölsch durch die Kehle rinnen. Außerdem werden Weine und Andechser Klosterbräu ausgeschenkt. Auch das Hämmchen lohnt den weiten Weg aus der Innenstadt nach Nippes.

Früh am Dom (Nebenkarte)
Am Hof 12–14
Tel. 258 03 94, Gaststube 8–24 Uhr, Hofbräustube 11.30–24 Uhr, Gewölbe Di–Sa 12–1, So 12–22 Uhr
H Dom/Hbf   günstig/moderat
1904 von Peter Josef Früh gegründet. Hier verweilen neben Ur-Kölnern auch viele Touristen auf der Terrasse am Heinzelmännchenbrunnen, im Kellergewölbe und der großen verwinkelten Gaststube. In der Südstadt bedient das ›Früh em Veedel‹ sein Stammpublikum.

Gaffel-Haus (Nebenkarte)
Alter Markt 20–22
Tel. 257 76 92, 11–1 Uhr
H Heumarkt   günstig
Das Renaissance-Doppelhaus ›Zur Brezel/Zum Dorn‹ von 1580 trägt heute den Namen der Traditionsbrauerei Gaffel (= Zunft). Das herbe Gaffel schmeckt mit Blick auf den historischen Ratsturm und Alter Markt besonders gut.

Küppers Brauhaus (F 10)
Alteburger Str. 157
Tel. 934 78 10, So–Do 11–24, Fr/Sa 11–1 Uhr
H Koblenzer Str. günstig/moderat

In den Kölner Süden lockt dieses rekonstruierte Brauhaus mit dem Biermuseum (Tel. 962 99-459) und einem beliebten 1000-Plätze-Biergarten, den ein Läuterbottich verschönert. Zusätzlichen Anreiz bieten Musikveranstaltungen, Kabarett.

Malzmühle (Nebenkarte)
Heumarkt 6
Tel. 21 01 17, 10–24, So 11–23 Uhr
H Heumarkt   günstig/moderat
Ihren Namen verdankt die Hausbrauerei der ehemaligen Mühle, die das Malz für die Kölner Brauer schrotete. Das Lokal ist bei Kölnern sehr beliebt, schließlich gibt es hier auch die ›Pittermännchen‹ (10-l-Fässchen gegen Pfand) für die Feier zu Hause.

Päffgen (C 5)
Friesenstr. 64–66
Tel. 13 54 61, 10–24 Uhr
H Friesenplatz   günstig
Mitten im Friesenviertel behauptet sich die Brauerei mühelos gegenüber den benachbarten Szenekneipen. Für Gruppen gilt: abends

besser reservieren! Sehr beliebt ist auch das Päffgen am Heumarkt.

Sion (Nebenkarte)
Unter Taschenmacher 5
Tel. 257 85 40, 10–0.30 Uhr
H Dom/Hbf   günstig
In Blickweite zum Rathaus kann man im Sommer auf der Außenterrasse der schmalen Altstadtstraße den endlosen Strom der Besucher beobachten. An Karneval ist im Schankraum die Hölle los.

Rheinische Spezialitäten aus der ›Kölschen Foderkaat‹

Ääppelschlot = Kartoffelsalat
Flönz = Blutwurst
Halve Hahn = kein halbes Hähnchen, sondern ein Röggelchen (Roggenbrötchen) mit mittelaltem Holländer und Senf
Hämmchen = Schweinshaxe mit Sauerkraut und Kartoffelpüree; meist riesige Portionen
Himmel un Ääd (Himmel und Erde) = Apfelmus und Kartoffelbrei, dazu gebratene Blutwurst

Kölsch Kaviar (mit Musik) = Blutwurst mit Roggenbrot. Die auf Wunsch dazugereichten Zwiebelringe erzeugen einige Stunden später die Musik.
Rievkooche = Kartoffelpuffer, wahlweise mit Apfelmus, seltener mit Lachs
Strammer Max = Roggenbrot mit Schinken und Spiegelei, dazu Kartoffelsalat und Gewürzgurke
Suurbroode = Sauerbraten, meist aus Rind-, besser aus Pferdefleisch. Seine süß-saure Note verleiht ihm die Marinade, in die er einige Tage vorher eingelegt wird, sowie die dunkle Soße mit Rosinen und Rübenkraut.

Essen & Trinken

Gut & günstig

Borsalino (C 7)
Zülpicher Str. 7
Tel. 24 88 52, 8–1, Fr/Sa 8–3 Uhr
H Zülpicher Platz
Junges, meist studentisches Publikum trifft sich gern zu Pasta- und Pizzagerichten oder zum üppigen Sonntagsbrunch (8–14 Uhr). Großbildschirm für die Übertragung von Sportereignissen. Sehr beliebt sind auch die Außenplätze unter einer Markise an der belebten Verkehrsader des Kneipenviertels.

Delhi Palace (C 7)
Engelbertstr. 17
Tel. 240 00 23, 11.30–14.30, 17.30–23.30, So 17–23.30 Uhr
H Zülpicher Platz
Das einfache, rustikale Lokal lässt kaum die Vielfalt und Qualität an indischen Spezialitäten vermuten. Viele Vorspeisen, Tandoori-Gerichte, Huhn, Lamm oder Vegetarisches von mild bis feurig-scharf.

Engelbät (C 7)
Engelbertstr. 7
Tel. 24 69 14, 11–1 Uhr
H Zülpicher Platz
Kleines, gemütliches Kneipenrestaurant mit viel Holz und nostalgischem Interieur. Leckere Crêpes mit Hack- oder Hühnchenfleisch, auch vegetarische und süße Variationen. Okt.–Mai wird Livemusik geboten (s. Aushang/Tagespresse).

Magnus (B 7)
Zülpicher Str. 48
Tel. 24 14 69, 8–3 Uhr
H Dasselstr.
Das große, lärmige Kneipenrestaurant lockt sein meist studentisches Publikum zu jeder Tageszeit mit üppigem Frühstück, Salaten, Suppen, Pasta, Pizzas und Steaks. Etwa 50 Außenplätze.

Moderne Zeiten (D 5)
Auf dem Berlich/Breite Str. 100
Tel. 257 51 71, 9–1 Uhr
H Neumarkt
Das Café-Restaurant in günstiger Innenstadtlage bietet auf zwei Etagen solide Bistroküche mit wechselnder Tageskarte. Frühstück zu jeder Tages- (und Nacht-)zeit: minimalistisch, amerikanisch oder luxuriös mit Champagner.

Sushi Nr. 1 (D 5)
Breite Str. 6
Tel. 240 04 38, 12–22 Uhr
H Appellhofplatz
Im Souterrain der WDR-Arkaden können Sie Sushi – im wörtlichen Sinne – vom Fließband auswählen. Den Preis (4–9 DM) für die stets frisch zubereiteten Häppchen erkennt man an den verschiedenen Tellerfarben.

Tapas (C 6)
An dr Hahnepooz 8
Tel. 25 12 64, 12–1, So 17–1 Uhr
H Rudolfplatz
Ob mittags nach dem Einkaufsbummel oder abends, bevor Sie über die Ringe flanieren, hier verführen über 60 köstliche Tapas ab 6,50 DM zum Probieren. Zudem kann man aus dem schlichten, verglasten Restaurant und von der Terrasse das Treiben rund ums Hahnentor am Hahnentor beobachten.

Whistle Stop Café (B 6)
Flandrische Str. 18
Tel. 257 07 30, 9–2, Fr/Sa 9–3 Uhr
H Rudolfplatz
Das Szenelokal im Belgischen Viertel ist abends fast immer berstend voll. Hier gibt es gute Cocktails und Südstaaten-Küche (Reservierung am Wochenende empfehlenswert!); üppiges amerikanisches Frühstück. Außenterrasse an der Straße, aber unter Bäumen.

Tag oder Nacht? Im Moderne Zeiten

Zarathustra (B 7)
Dasselstr. 4
Tel. 240 76 60, 12–23 Uhr
H Dasselstr.
Helles, schlichtes Restaurant mit kleiner Terrasse zur Straße; drinnen Wechselausstellung mit Gemälden junger Künstler. Leckere gutbürgerliche persische Küche. Interessante Kombinationen, z. B. Lamm oder Huhn mit Obst, Spinat mit Rosinen.

Spitzenreiter

Bellevue im Maritim Hotel (Nebenkarte)
Heumarkt 20
Tel. 202 78 75, 12–23 Uhr, Küche 12–14, 18.30–22.30 Uhr
H Heumarkt
Mit Panoramablick auf Dom und Rhein kredenzt das Nobelrestaurant deutsch-französischen Gaumenkitzel – abends untermalt von Pianoklängen. Von 15–17.30 Uhr kann der schmalere Geldbeutel Kaffee und Kuchen schlemmen.

Dieter Müllers Restaurant (außerhalb)
Schlosshotel Lerbach
Lerbacher Weg 169
51465 Bergisch-Gladbach
Tel. 022 02/20 40
Di–Sa 12–14, 19–22 Uhr
Ob Michelin-Sterne, Mützen oder Kochlöffel, Dieter Müller heimst alle Gourmet-Auszeichnungen mühelos ein. Ein 4-Gänge-Menü seiner französisch orientierten Küche gibt es für 168 DM (6-Gänge 215 DM exkl. Getränke). Dazu über 500 Weine zur Auswahl.

Gourmetrestaurant im Grandhotel Schloss Bensberg (außerhalb)
Kadettenstr., Bensberg
Tel. 022 04/2-0
Do–Mo 12–14, 18.30–22 Uhr
H Bensberg Mitte
Hier residiert und speist der Hotelgast wie ein Feudalfürst. Auch wer nicht im edlen Ambiente nächtigt, kann raffinierte Speisen der französischen Spitzenküche genießen. Der Meisterkoch Joachim Wissler

(2 Sterne) macht Dieter Müller ernsthafte Konkurrenz.

Graugans (F 5)
im Hyatt Hotel, Kennedy-Ufer 2a
Tel. 82 81 17 71, Mo–Fr 12–14, 18.30–22, Sa/So 18.30–22 Uhr
H Deutzer Freiheit
Das Hotelrestaurant hat die Verbindung von europäischer und asiatischer Küche perfektioniert. Wok-Gerichte und außergewöhnliche Gaumenfreuden verwöhnen den Gast. Schöner Blick auf die Altstadt.

Le Moissonnier (D 3)
Krefelder Str. 25
Tel. 72 94 79
Di–Sa 12–15, 19–24 Uhr
H Hansaring
Im Jugendstilambiente wird französische Küche kredenzt. Obwohl auch hier ein Michelin-Stern leuchtet, sind die Preise auch für das jüngere Publikum bezahlbar (Hauptgericht 39–47 DM). Reservierung!

Pferdefleisch?

Sagen Sie nicht direkt »Nein, danke!« Pferdefleisch ist zarter als mancher zu früh abgehangene Rinderbraten. Es schmeckt als Steak genauso gut wie in deftiger Hausmannskost, z. B. als Bratwurst oder Frikadelle. Und der wahre Sauerbraten ist ohnehin nur vom ›Päd‹. Überzeugen Sie sich im: Pitsch, Alexianerstr. 12, Tel. 331 08 85, 17–24, So/Fei 11–14 Uhr, Küche 18–22, So/Fei 12–14 Uhr.

Traditionslokale

Bieresel (C 5)
Breite Str. 114
Tel. 257 60 90, 10–0.30 Uhr, im Sommer So 12–21 Uhr
H Neumarkt   günstig/moderat
Seit Jahren genießt das große Traditionslokal von 1297 den Ruf, das beste Muschelhaus Kölns zu sein. In den Monaten ohne ›r‹ typisch kölsche Gerichte.

Em Krützche (Nebenkarte)
Am Frankenturm 1–3
Tel. 258 08 39, Di–So 10–1 Uhr, Küche 12–23 Uhr
H Dom/Hbf   moderat/teuer
Gehobene gutbürgerlich-rheinische Küche und Wildgerichte sättigen das eher gediegene Publikum in dieser Traditionsgaststätte von 1589. Hier lockt auch die Außengastronomie mit Rheinblick.

Haxenhaus zum Rheingarten (Nebenkarte)
Frankenwerft 19
Tel. 257 79 66, 11.30–1 Uhr
H Heumarkt   moderat
Zwar mitten im touristischen Brennpunkt gelegen, ist die Traditionsgaststätte von 1231 noch nicht ganz dem Altstadtnepp erlegen. Deftige rheinische Küche sowie Kölsch und Bratwurst am Meter beglücken die meist auswärtigen Gäste.

Aus aller Welt

Aborylang (E 9)
Elsassstr. 4
Tel. 32 19 01, 18.30–1 Uhr
H Chlodwigplatz   moderat
›Down under‹ ist das Motto: Kunst der Aborigines an den Wänden, manchmal Didgeridoo-Klänge und auf dem Teller Strauß, Känguru

oder Kreolisches aus Madagaskar. Dazu eine große Auswahl australischer, aber auch anderer Weine.

Al Salam (C 7)

Hohenstaufenring 22
Tel. 73 43 22, 18–1, So 11–15 Uhr Familienbrunch
H Zülpicher Platz   moderat/teuer
Das große Restaurant am Ring entführt Sie mühelos in orientalische Märchenwelten: Im plüschig-edlen Interieur werden arabische Spezialitäten (viele Vorspeisenvarianten, Fleisch- und vegetarische Gerichte) serviert. Dazu betören freitags und samstags hübsche Bauchtänzerinnen die Sinne.

Bali (B 5)

Brüsseler Platz 2
Tel. 52 29 14, 18–24 Uhr
H Rudolfplatz   günstig/moderat
Indonesische Spezialitäten, ob mild oder scharf – nirgendwo sonst in Köln sind sie so schmackhaft zubereitet. Zudem aufmerksamer Service und geschmackvolles exotisches Interieur. Reservierung!

Campi (Nebenkarte)

Am Frankenturm 5
Tel. 258 07 17, 9–1 Uhr
H Dom/Hbf   moderat
Campi ist seit Jahren das italienische Vorzeigerestaurant in der Altstadt. Auf zwei Etagen und vielen Außenplätzen genießt man den Blick auf den Rheingarten. Ebenso beliebt und etwas preiswerter ist am Wallrafplatz das Campi im Funkhaus mit Bistro-Charakter.

Hotelux (G 5)

Von-Sandt-Platz 10
Tel. 24 11 36
19–24, Fr/Sa 19–1 Uhr
H Bf. Deutz/Kölnarena   moderat
Lenin-Büste, Panzerkreuzer Potemkin, ein Metro-Waggon und

roter Samt – russischer geht's nimmer. Und die exzellente Küche bietet mehr als Borschtsch. Zur Verdauung dann einen (oder zwei...) der über 20 Wodka-Sorten.

La Montanara (B 5)

Venloer Str. 4
Tel. 51 74 10, 12–15, 18–24, Sa/So/Fei 18–24 Uhr
H Friesenplatz   günstig/moderat
Ambiente und Publikum sind nicht gerade aufregend, aber dafür entschädigen dann die hausgemachte Pasta mit interessanten Füllungen und Soßen und die Fischgerichte.

La Societé (B 7)

Kyffhäuserstr. 53
Tel. 23 24 64, 18.30–24 Uhr
H Dasselstr.   teuer
Wer wenig für die lauten Kneipen im Bermuda-Dreieck übrig hat, findet hier einen kleinen Gourmet-Tempel. Bei intimer Kerzenlicht-Atmosphäre werden französische Kreationen der Spitzenklasse gereicht, dazu eine Auswahl von über 600 (!) Weinen. Reservierung!

Louisiana (C 6)

Hahnenstr. 37
Tel. 21 17 09,
12–24, Fr/Sa 12–1 Uhr
H Rudolfplatz   günstig/moderat
Der Name verspricht Südstaatenflair und hält es auch: große Portionen ›Poor Boys‹ (warme Baguettes), Salate, Jambalaya u. ä. Das große Restaurant mit viel Holz schmücken Fotos und Instrumente der Jazzlegenden. Außenplätze mit Blick aufs Großstadtleben.

Momotaro (C 6)

Benesisstr. 56
Tel. 257 14 32, Di–Sa 12–15, 18–22, Mo/Fei 18–22 Uhr
H Rudolfplatz   moderat

In zentraler Innenstadtlage, aber leicht zu übersehen ist dieses kleine, minimalistisch gestylte japanische Restaurant. Der Ableger des etwas teureren Kintaro (Friesenstr. 16) zaubert leckere Sushis, kleinere Mittagsgerichte, aber auch ausgefallene Menus.

Oasis (F 6)

Kennedy-Ufer 1
Tel. 81 44 41, 12–23.30 Uhr
H Deutzer Freiheit   moderat
Griechische Klänge und Ausstattung des riesigen Restaurants – über 250 Innen-, 200 Terrassenplätze – mögen an den Urlaub erinnern, doch der wunderbare Blick von der ›schäl Sick‹ auf das Altstadtpanorama lässt keinen Zweifel, wo wir sind. Eine so einzigartige Aussicht kostet natürlich ihren Preis.

Paul's Louisiana (B 5)

Brabanter Str. 48
Tel. 25 13 83, Di–Sa 18–24 Uhr
H Friesenplatz   moderat/teuer
Seine Erfahrungen im *cajun cooking* sammelte der Besitzer direkt in New Orleans und erzählt auch gerne darüber. Den leckeren kreolischen Kreationen verleiht er oft mit Tabasco den letzten Pfiff. Wer ›Jambalaya‹ bisher nur als Country-Song kannte, kann hier seinem Geschmackssinn neue Horizonte weisen. Gemütliches Holzinterieur.

Plat du Jour (C 5)

Palmstr. 20
Tel. 237 46 88, Di–Sa 19–1 Uhr, Küche 19–23 Uhr
H Friesenplatz   günstig
Das schlichte, aber dennoch anheimelnde Restaurant erfreut sich großer Beliebtheit. Der Grund: preiswerte französische Regionalküche mit Ausflügen in arabische Welten, z. B. Couscous.

Serithai (C 6)

Schaafenstr. 63
Tel. 23 19 69, 18–24 Uhr
H Rudolfplatz   günstig
Über eine Bambusbrücke spaziert man hinein ins Reich thailändischer Köstlichkeiten. Beachten Sie unbedingt die Peperoni-Symbole auf der Speisekarte, ansonsten ist es für die Cocktails schon zu spät. Reservierung empfehlenswert.

Sultan (B 6)

Brabanter Str. 3
Tel. 52 54 81
17–24, Sa/So 12–24 Uhr
H Rudolfplatz   günstig
Das türkische Restaurant zeichnet sich nicht nur durch sein behagliches Ambiente aus. Die Vorspeisen, vegetarischen und Fleischgerichte sind üppig und lecker.

Taco Loco (C 7)

Zülpicher Platz 4a
Tel. 240 15 16, 11–2, Fr/Sa 11–3 Uhr
H Zülpicher Platz   günstig
Im Kneipenrestaurant schlürft ein junges Publikum Margarita oder andere Cocktails. Große Portionen solider Tex-Mex-Küche mit Nachos und Tacos, am Sonntag Brunch (10–15 Uhr). Auf der Mattscheibe flimmern Sportsendungen, für gute Stimmung sorgt laute Salsa-Musik. Kleiner Biergarten im ausgemalten Hinterhof. Viva Mexico!

Zeiritz (B 5)

Limburger Str. 19
Tel. 257 54 52, Di–So 19–1 Uhr
H Friesenplatz   günstig/moderat
Die Auswahl an steirischen Gerichten auf der Tageskarte ist überschaubar, ihre Qualität und Quantität jedoch verblüffend. Im bewusst schlicht gestylten, hellen Interieur fühlt sich ein vorwiegend junges Publikum wohl. Reservierung ratsam.

Vegetarisches

Fondue (D 7)
Kleiner Griechenmarkt 49
Tel. 240 51 77, Mi–So 18–1 Uhr,
Küche 18–22.30 Uhr
H Poststr.   moderat
Natürlich gibt es für Nicht-Vegetarier auch Würstchen- und Fleischfondue. Interessanter sind jedoch die fleischlosen Varianten mit Käse, Gemüse und Fisch, der mongolische Feuertopf oder Obst und Marshmallows in Schokolade.

Sprößling (B 6)
Mozartstr. 9
Tel. 23 21 24, Mi–Mo 12–14.30,
18–23 Uhr, So 10–14 Uhr Brunch
H Zülpicher Platz   günstig
Kein anderes vegetarisches Restaurant Kölns erreicht mit seinen Speisen – die Zutaten sind aus ökologischem Anbau – eine solche Qualität und Vielfalt. Notorischen Glimmstengeln bietet das Nichtraucherlokal sommers Plätze im kleinen Innenhof.

Osho's Place (B 5)
Venloer Str. 5–7
Tel. 574 07 45, 8–24 Uhr
H Friesenplatz   günstig
Das anspruchsvolle Selbstbedienungsrestaurant bietet täglich wechselnde warme Gerichte (bis 15 DM), Salate, Kuchen, Desserts und So ab 10.30 Uhr ein Brunchbuffet. Im hellen, freundlichen Ambiente mit Blick auf einen begrünten Innenhof gibt es sogar eine große Nichtraucherzone.

Imbiss

Ezio (C 5)
Apostelnstr. 50
Mo–Fr 9–21, Sa 9–17 Uhr
H Neumarkt   günstig
Den Edelimbiss stürmen zur Mittagszeit die gestressten Schnellesser der umliegenden Geschäftsstraßen. Kleine Empore mit Sitzplätzen, um die edlen Antipasti, Pastasorten und Salate in Ruhe zu genießen (Hauptspeisen 20–24 DM).

Selbst ernannter ›In-Biss‹: Ezio lockt mit feinem Fast-Food

Habibi (B 7)
Zülpicher Str. 38–40
11–1 Uhr
H Dasselstr.   günstig
Der irakisch geführte ›Schnell‹-Imbiss zelebriert bewusst orientalische Gelassenheit. Zuerst gibt es einen Zimttee gratis, danach sättigen große Portionen arabischer Spezialitäten (6–14 DM): Falafel, Schawarma (Hühnchen), Pastilla (Spinattaschen), Taboule (Hirse-Petersilien-Salat) u. a. Dazu frisch gepresste Säfte und köstliches Gebäck mit Datteln.

Nehring (C 7)
Zülpicher Platz 4
Mo–Sa 8–3, So/Fei 10–3 Uhr
H Zülpicher Platz   günstig
Im Fenster drehen sich einladend die Flattermänner am Spieß (1/2 Hähnchen 5 DM). Fritten, Würstchen, Frikadellen und Salate ebenfalls sehr appetitlich. Immer große Nachfrage bis spät nachts.

Planet Oriental (C 5)
Hohenzollernring 57
8–2, Fr/Sa 8–6 Uhr
H Friesenplatz   günstig
Große Auswahl an leckeren kalten und warmen orientalischen Vorspeisen, Salaten, Börek, Kebab, Frikadellen, Pfannen- und Grillgerichten, Fisch und Vegetarischem.

Rievkooche-Bud (E 5)
Am Hauptbahnhof
10–24 Uhr
H Dom/Hbf   günstig
Wer Köln mit dem Zug erreicht, dem weht bei Verlassen der Bahnhofshalle ein so verführerischer wie gleichermaßen abstoßender, auf jeden Fall einzigartiger (Fett-) Geruch um die Nase – so riechen nur frisch gebrutzelte Rievkooche (für den Imi: Kartoffelpuffer). Selbst Einheimische kommen nur

selten an dem Kiosk vorbei, ohne etwas Heiß-Fettiges ›auf der Hand‹ mitzunehmen (4 DM).

Sandwich Garden (D 5)
Breite Str. 2–4
Mo–Fr 8.30–20, Sa 10–17 Uhr
H Appellhofplatz   günstig
Imbiss-Stube mit leckeren Sandwiches, kalten und warmen Baguettes, Ciabattas, Bagels, Muffins, Hot dogs, Baked Potatoes, Tortilla Rolls und Salaten (4–8 DM).

Suppenkaspar (E 5)
Ludwigstr. 13
Mo–Fr 8–18, Sa 9–16 Uhr
H Appellhofplatz   günstig
Mitten im Geschäftsviertel, doch in einer ruhigen Seitenstraße können Sie den Shoppingbummel für einen Imbiss unterbrechen: Suppen, Baguettes, Salate (6,50–10 DM).

Cafés

Bauturm-Café (B 6)
Aachener Str. 24
8–3, Sa/So 9.30–3 Uhr
H Rudolfplatz   günstig
Im Café vor dem (Avantgarde-) Theater im Bauturm drängen sich zu jeder Tages- und Nachtzeit Theatergäste, Künstler und Studenten, meist aus dem Belgischen Viertel. Außer Frühstück gibt es kleine Gerichte und Cocktails.

Café Cremer (D 5)
Breite Str. 54
8–23, So 12–18 Uhr
H Appellhofplatz   günstig
Das verglaste Eckgebäude gewährt auf zwei Etagen einen schönen Blick auf die belebte Fußgängerzone. Im Sommer mundet auch auf der Außenterrasse das vielfältige Angebot an Kuchen und Tagesgerichten.

Café Jansen (Nebenkarte)
Obenmarspforten 7
9–18.30, So 11–18 Uhr
H Dom/Hbf günstig
Beim Einkaufsbummel in der Hohe Straße sollte man immer Zeit für einen kleinen Abstecher erübrigen, um in der Rotunde des Cafés in die Polster zu sinken und das nostalgische Flair sowie üppige Kuchen zu genießen.

Café Reichard (E 5)
Unter Fettenhennen 11
8.30–20 Uhr
H Dom/Hbf moderat
Das Café verdankt sein Renommee dem noblen Ambiente, bester Lage und dem riesigen Kuchen- und Salatbuffet; Hauptgerichte 18–30 DM. Die 350 ›Logenplätze‹ der Terrasse mit Domblick rechtfertigen die stolzen Preise.

Café Schmitz (D 3)
Hansaring 98
10–1 Uhr
H Hansaring günstig
Stark frequentiertes Szenecafé im existentialistischen Look. Die gro-ßen Fenster wirken einladend; die kleinen Gerichte, passable Weine und die ausliegenden Zeitungen verlocken zum Bleiben.

Konditorei Café Eigel (E 5)
Brückenstr. 1–3
9–19, Sa 9–18, So 14–18 Uhr
H Dom/Hbf günstig
In der teuren Einkaufsmeile gibt sich das große Café ebenfalls betont modern-elegant. Im ruhigen Lichthof können Sie die Künste des Konditormeisters würdigen oder Tagesgerichte probieren.

Mediencafé im Future Point (D 6)
Richmodstr. 13
8–1, Sa/So 10–1 Uhr
H Neumarkt günstig
Der Future Point weist mit etlichen Internet-Zugängen, TV, Netcologne-Shop und Ticket Service den Weg in die mediale Zukunft. Cappuccino und kleine Mahlzeiten schmecken aber auch, wenn man keinen Platz zum Surfen erwischt hat – vor allem im Sommer auf der Straßenterrasse.

Zumindest ein Gast mit festem Stammplatz: im Bauturm-Café

🛍 Shopping

Shopping

Bei Walter König stapeln sich die Kunstbücher bis zur Decke

Kölns Einkaufswelt gibt sich wenig nobel und gestylt, sie kommt bunt, innovativ und frech daher. Von der Domplatte ergießt sich der Touristenstrom automatisch in die zentrale Shoppingmeile zwischen Dom und Neumarkt: **Hohe Straße** und **Schildergasse**. Neben wenigen exklusiven Modegeschäften und den Filialen großer Waren- und Modehäuser (Kaufhof Galeria, C & A, Marks & Spencer, Anson's, sowie ab Sommer 2001 Peek & Cloppenburg) haben vor allem die Billiganbieter in Sachen Schmuck und Jeans sowie Schnellrestaurants Hochkonjunktur. Straßenhändler und -künstler ergänzen das bunte Bild. Auffallend ist das große Angebot an Schuhgeschäften und Parfümerien.

In den Straßen rund um den **Neumarkt** bestimmen Trend-Shops für Mode, Schmuck, Geschenke und Accessoires sowie Fachgeschäfte das Angebot. Exklusiv und extravagant kauft man in den Boutiquen auf **Mittel- und Pfeilstraße.** Schrille und pfiffige Produkte zu erschwinglicheren Preisen sowie Secondhandware offerieren die Geschäfte in der **Ehren-, Benesis-, Aposteln- und Breite Straße.** In der Ehrenstraße,

wo sich hippe *Stores* dicht an dicht drängen, kaufen insbesondere *Youngster* gerne ein.

An den **Ringen** zwischen Zülpicher Platz und Christophstraße sind vor allem Wohn- und Einrichtungshäuser, wie z. B. Pesch Wohnen, Ried Mode und Wohnen, ligne roset oder Traum Station, vertreten. Mit Bistros und Cafés, Kinos und Diskotheken ist der Flanierboulevard auch außerhalb der Ladenzeiten attraktiv.

Moderne Einkaufspassagen verleihen der Kölner Shoppingwelt seit einigen Jahren neue Impulse. Am Neumarkt können Schaulustige und Kaufwillige in der **Neumarkt-Galerie** wettergeschützt bummeln, shoppen und schlemmen. Ihren Mega-Auftritt hat hier die Mayersche Buchhandlung. Mode-, Feinkost- und Geschenkartikelgeschäfte, Cafés und Bistros reihen sich rund um einen lichtdurchfluteten überdachten Innenhof. Von der Markthalle im Untergeschoss führen unterirdische Ladenpassagen zum **Olivandenhof** und zu Karstadt. Die benachbarte **Neumarkt-Passage** wird von der Buchhandlung Gonski Bouvier dominiert. Inmitten der neuesten Bestseller gibt es hier den Imbiss für den kleinen Hunger zwischendurch. Unter dem Dach lädt zudem das Käthe-Kollwitz-Museum zu einem Besuch ein. Im neuen **DuMont-Carré** an der Breite Straße entsteht bis Mitte 2001 eine weitere Ladenpassage. Wenige Schritte weiter versucht die **Kölner Ladenstadt** durch Umbau (bis Ende 2001) mit den modernen Shopping-Tempeln Schritt zu halten. Immerhin öffnete Deutschlands erstes überdachtes Einkaufszentrum bereits 1964 seine Pforten. Die Hohmann art und reprogalerie wartet hier mit einem überwältigenden Angebot an Kalendern, Postern und Kunstdrucken auf. Einen markanten architektonischen Akzent setzen schräg gegenüber die **WDR-Arkaden**. Hier locken vor allem die exquisiten Schmuckkreationen von Klaus Kaufhold.

Bücher

Alibi (C 7)
Hohenstaufenring 47–51
H Zülpicher Platz
Von Agatha Christie bis Thomas Harris. Krimis für schwache und starke Nerven in Englisch und Deutsch. Großes Antiquariat, kompetente Beratung.

Buch Gourmet (C 6)
Hohenzollernring 16–18, in der Ringpassage
H Rudolfplatz
Hier kann der Hobbykoch nicht widerstehen: Kochbücher und Ratgeber zu allen Fragen rund um den Gaumenkitzel.

Buchhandlung
Klaus Bittner (C 5)
Albertusstr. 6
H Neumarkt
Wohlsortierte Buchhandlung: Anspruchsvolles aus Literatur, Theater, Tanz und Geisteswissenschaften. Qualifizierte Beratung. Lesungen renommierter Autoren.

Buchhandlung
Walter König (C 5)
Ehrenstr. 4
H Neumarkt
Die riesige Bauplastik ›Stürzende Bücher‹ an der Fassade des Eckhauses macht auf die international bekannte Kunstbuchhandlung aufmerksam – ein Eldorado für Liebhaber von Kunst, Architektur, Fotografie, Film, Mode und Design. Auch modernes Antiquariat.

Landkartenhaus
Gleumes & Co. (C 7)
Hohenstaufenring 47–51
H Zülpicher Platz
Mit Karten, Atlanten und Reiseführern rund um die Welt.

Zweitausendeins (C 5)
Ehrenstr. 45
H Rudolfplatz
Preiswerte Werkausgaben, Bücher aus eigenem Verlag, CDs.

Geschenke

Absolut (C 6)
Apostelnstr. 24–26
H Neumarkt
Moderne Wohnaccessoires, Büro-, Küchen- und Badartikel, witzige Geschenke und Deko-Artikel.

Aceto (C 6)
Friesenwall 28–30
H Rudolfplatz
Große Auswahl an exzellenten Essigen, Ölen, Pesto, Sugo und Weinen, schöne Küchenaccessoires.

DOM (C 5)
Ehrenstr. 18–26
H Neumarkt
Trendladen mit Wohnaccessoires und Geschenken.

Habitat (D 6)
Neumarkt 12
H Neumarkt
Möbel und Wohnzubehör, Bad- und Küchenbedarf in klaren, mediterranen Formen und Farben.

Der Hobbykoch-Laden (C 5)
Breite Str. 161–167
H Neumarkt
Hier schlägt das Herz des Küchenfreunds und Gourmets höher.

Klomoda (F 7)
Rheinauhafen 7
H Ubierring
Handgefertigte Bürsten und Bürstenhalter fürs stille Örtchen.

Rum Kontor (E 3)
Lübecker Str. 6
H Ebertplatz
Über 100 Sorten Rum aus aller Welt sowie Cachaça, Whisky und ein kleines Sortiment ausgesuchter Zigarren.

Kunst & Antiquitäten

In St.-Apern-Straße und Albertusstraße gibt es die größte Dichte an Kunst- und Antiquitätenläden der Stadt. Die meisten Galerien sind hier und im Belgischen Viertel ansässig.

Neptun (E 5)
Hohe Str. 133
H Dom/Hbf
Das Auktionshaus mit ständigen Auktionen Mo–Sa ab 12 Uhr zählt zu den Publikumsmagneten auf der Hohe Straße. Schmuck, Silber, Porzellan, Gemälde, Möbel, Teppiche – hier kommt alles unter den Hammer.

Kunsthaus Janine Bachmann (C 6)
Apostelnstr. 12
H Neumarkt
Neben moderner Kunst auch kleine witzige Geschenke mit künstlerischem Anspruch.

Auktionshaus Anton Ressmann (D 6)
Schildergasse 111
H Neumarkt
Nach dem Bummel über Hohe Straße und Schildergasse bietet ein weiteres Versteigerungshaus die etwas andere Art des Einkaufs.

Mode

Bertram & Frank (C 6)
Neumarkt 26
H Neumarkt
Renommierter Herrenausstatter: bekannte Designer-Marken, gediegener britischer und internationaler Schick.

Köln's (E 6)
Hohe Str. 73
H Dom/Hbf
Auf fünf Etagen Accessoires, Casual-, Street- und Sportswear bekannter Marken wie Diesel, G-Star oder Oxmox. Das Bistro mit Internetplatz bietet einen schönen Blick über die Dächer der Stadt.

Gesine Moritz (C 6)
Pfeilstr. 23
Mo–Sa ab 11 Uhr
H Rudolfplatz
Exklusive Kölner Mode-Designerin mit unverwechselbarem Stil; lan-

ge, weichfallende Kleider und Co-ordinates in edlen ausgefallenen Stoffen für Individualistinnen jeden Alters. Außergewöhnlich ist auch der Verkaufsraum im Atelier, Lindenstr. 22 (B 6).

Daniels (E 6/D 6)
Hohe Str. 68, Schildergasse 8–12, Neumarkt
H Dom/Hbf oder Neumarkt
Von klassischer Designer-Mode über sportive Kleidung bis zu Jeanswear und Young Fashion – die verschiedenen Daniels-Filialen erfüllen alle Wünsche des modebewussten Mannes.

Doubleight (C 5)
Hohenzollernring 50
Mo–Fr 13–20, Sa 11–16 Uhr
H Friesenplatz
Hier kauft die Hip-Hop- und Skater-Szene trendbewusst. Club- und Wollwear sowie Hip-Hop-Labels aus London und New York.

Liz Weimann Moden (C 5/ D 6)
Ehrenstr. 31 und Neumarkt-Galerie
H Neumarkt oder Rudolfplatz
Klare enge Schnitte und schlichte Formen, die die 20er Jahre anklingen lassen, zeichnen die Entwürfe der Mode-Designerin aus.

Mango (E 6)
Hohe Str. 90
H Dom/Hbf
Die Kollektion der spanischen Fashion-Company umfasst klassisch-elegante bis sportliche Kleidung für die urbane Frau; ansprechend der helle großzügige Verkaufsraum.

Monx (C 5)
Ehrenstr. 52
H Neumarkt oder Rudolfplatz
Lässig geschnittene Kleider in kurz und lang sowie Sports- und City-

wear in warmen dezenten Modefarben, auch mal kräftige Töne.

polo's for you (E 9)
Maria-Hilf-Str. 5
H Chlodwigplatz
Weichfallende, lange Schnitte, klare Formen und hochwertige Stoffe vorwiegend aus Naturfasern bestimmen die polo's for you-Kollektion. Die bequemen, gut kombinierbaren Modelle eignen sich als Business-Outfit ebenso gut wie als Abendgarderobe.

Musik

Saturn Musicdome (D 3)
Hansaring 97
H Hansaring
Größtes Musikgeschäft Europas; alle Musikrichtungen, auch Videos. Die City-Filiale ganz oben im Kaufhof hält auch ein beachtliches CD-Programm bereit.

WOM – World of Music (D 5)
Breite Str. 103 im Karstadt
H Neumarkt
Große Auswahl an CDs, Videos und LPs aller Musikrichtungen, viele Kopfhörer zum Probehören.

Kiddy Club

**Stressfreies Einkaufen, während die Kleinen (ab 2 Jahre) professionell betreut werden:
Schildergasse 72–74 (über Wehmeyer)
Tel. 258 41 67
Mo–Fr 10–19 Uhr,
Sa 10–16 Uhr**

Floh- und Trödelmärkte

Der Besuch von Floh- und Trödelmärkten gehört zum festen Freizeitprogramm der Kölner (genaue Termine in der Tagespresse). Das interessanteste Warenangebot bieten die folgenden Plätze:
Altstadt: Floh- und Trödelmarkt rund um Groß St. Martin, 3. Sa im Monat;
Kunsthandwerkermarkt auf dem Ostermannplatz, April bis Okt. 4. Wochenende im Monat

Kölner Ladenstadt (Breite Str.): Antikmarkt, 2. So im Monat
Müngersdorfer Stadion: Trödelmarkt rund um das Stadion
Neumarkt: Antikmarkt, zweimal jährlich im April und Okt.
Pferderennbahn Köln-Weidenpesch: Antik-, Trödel- und Sammlermarkt, Do, Fr, Sa
Vorgebirgsstr.: Flohmarkt am Stadion Süd in der Nähe vom Volksgarten

Spezielles & Kurioses

Australia Shop (C 5)
Friesenstr. 72
H Friesenplatz
Alles für den Aussie-Fan vom Spezialbier bis zum Didgeridoo.

Balloni (außerhalb)
Ehrenfeldgürtel 88–94
H Venloer Str./Gürtel
Luftballons, originelle Dekorationen für alle Anlässe, witzige Geschenkartikel, Geschenkpapiere und Stoffe in einer ehemaligen Backstein-Fabrikhalle.

Condomi (C 5)
Limburger Str. 22
H Friesenplatz
Kondome in allen Formen und Farben. Außerdem gibt es witziges Spielzeug und Geschenke rund ums Thema Liebe.

Festartikel Schmitt (E 4)
Johannisstr. 67
H Breslauer Platz
Karnevals- und Scherzartikel, Kostüme, Deko, Partybedarf.

Gummi Grün (D 6)
Richmodstr. 3
H Neumarkt
Hier lebt noch echt kölsches Lokalkolorit; im Angebot alle erdenklichen Artikel aus Gummi.

Pattevugel (C 6)
Ehrenstr. 43
H Rudolfplatz
Drachen, Jonglier- und Artistikbereich, Instrumente, Spielzeug.

Wolkenaer (C 5)
Ehrenstr. 6
H Neumarkt oder Rudolfplatz
Künstlerbedarf für Hobby- und Profimaler, Graphiker und Designer.

Typisch Kölsch

Souvenirläden mit dem üblichen breit gefächerten Angebot gibt es auf der Domplatte, am Beginn der Hohe Straße und neben dem KölnTourismus Office.

Gaffel-Laden (Nebenkarte)
Alter Markt 24
Mo–Sa ab 12 Uhr
H Heumarkt

Kaufen und verkaufen, sehen und gesehen werden: Flohmärkte haben Hochkonjunktur in der Domstadt

Grundausrüstung für den Kölsch-Trinker sowie T-Shirts oder Handtücher mit dem Schriftzug der Traditionsbrauerei.

Glasgalerie CCAA (D 5)

Auf dem Berlich 24
H Appellhofplatz
Kunstobjekte aus Glas und Nachschöpfungen von Glasgefäßen bedeutender europäischer Museen, u. a. von römischen Glasfunden aus Köln.

Maus & Co. (D 5)

Breite Str. 6 in den WDR-Arkaden
H Appellhofplatz
Der WDR-Laden präsentiert die Maus, Käpt'n Blaubär, das Lindenstraßen-Universum und viele andere Fanartikel, Bücher und Videos zu Sendungen von WDR und WWF.

Muehlens (D 5)

Glockengasse
H Appellhofplatz
Im 4711-Haus werden die Produkte mit dem weltbekannten Markennamen verkauft. Eine Kostprobe des berühmten Wassers spen-

det der Frischebrunnen. Ein kleines Museum erzählt im Verkaufsraum aus der über 200-jährigen Firmengeschichte.

Printen Schmitz (D 5)

Breite Str. 87
H Appellhofplatz
Das traditionsreiche Café offeriert das ganze Jahr über die typisch rheinische Weihnachtsspezialität aus eigner Bäckerei. Köstlich ist auch die Torte mit Printenmousse.

Römisch-Germanisches Museum (Nebenkarte)

Roncalliplatz 4
H Dom/Hbf
Im Museumsshop werden kleine Terrakottafiguren nach antikem Vorbild und Repliken römischer Glasfunde verkauft.

Schokoladenmuseum Imhoff-Stollwerck (F 6)

Rheinauhafen
H Heumarkt
Im Museumsshop erhält man die ganze Palette der schokoladigen Stollwerck-Produkte.

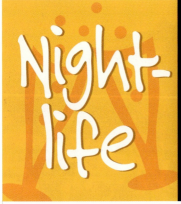

Reklame an der Aachener Straße

Natürlich herrscht in der **Altstadt** jederzeit Trubel, aber die Einheimischen – ob Imi oder kölsches Urgestein – treffen sich lieber in anderen Stadtvierteln. Im **Kwartier Latäng**, dem Uni-Amüsierviertel rund um den Zülpicher Platz, gehen Schüler und Studenten nach geistigen Höhenflügen zu flüssigem ›spiritus‹ über. Die interessantesten Szenelokale gibt es derzeit im **Belgischen Viertel** (zwischen Aachener und Venloer Straße) und im **Friesenviertel** (am Friesenplatz). Als Hauptflaniermeile üben die **Ringe** zwischen Barbarossaplatz und Christophstraße die größte Anziehungskraft aus. Und nicht zuletzt, auch wenn sie die Lebendigkeit früherer Jahre eingebüßt hat, lädt die **Südstadt** immer noch zu einem gemütlichen Kneipenbummel ein.

Bars

Capri Lounge (C 5)
Benesisstr. 61
Di–Sa 20–3 Uhr
H Rudolfplatz
Ebenso wie der Name der Kellerbar lässt auch das Dekor aus bunten Mosaiksteinen an Theke und Tischen die 50er Jahre wieder aufleben. Das kleine, schummrige Gewölbe ist meist gut gefüllt, drängen doch stets neue Gäste aus dem Restaurant ›4 cani della città‹ im Erdgeschoss nach unten.

Spirits (B 6)
Engelbertstr. 63
Mo–Do 21–2, Fr/Sa 21–3 Uhr
H Rudolfplatz
Rote Backsteinwände, die verspiegelte Bar und gute DJs lullen das junge, schicke Publikum in eine behaglich-lässige Atmosphäre.

Ring Bar (C 5)
Friesenwall 124
20–3 Uhr
H Friesenplatz
Die empfehlenswerte Bar im Friesenviertel hatte schon immer einen guten Ruf. An der langen Theke wurden sogar schon preisgekrönte Cocktails kreiert.

Rosebud (B 7)
Heinsbergstr. 20
20.30–2, Fr/Sa 21–3, So 21–2 Uhr
H Zülpicher Platz
Sie ist nicht sehr groß, aber die schönste Bar Deutschlands – zu-

mindest nach dem Urteil des ›Playboy‹. In das elegante Ambiente gelangt man Fr/Sa nur mit der Privacy Card oder man muss den Türsteher betören.

Tingel Tangel (B 5)
Maastrichter Str. 6–8
23–4.30, Fr/Sa 22–4.30 Uhr
H Rudolfplatz
Hier amüsiert sich zu fortgeschrittener Stunde das Szenepublikum – jenseits der 30 – aus dem Belgischen Viertel. Gelegentlich Livemusik, Kleinkunst, Comedy, auch Single-Abende zum Kennenlernen.

Szenelokale & Kneipenrestaurants

Außer den hier aufgeführten Tipps finden Sie im Kapitel Essen & Trinken (s. S. 28ff.) weitere Lokalitäten, die ihre Gäste mit einer Mischung aus Café, Bistro, Szenekneipe und Restaurant locken.

Alcazar (B 5)
Bismarckstr. 39a
Tel. 51 57 33
12–2, Fr/Sa 18–3, So 17–2 Uhr
H Friesenplatz   günstig/moderat
In dem Kneipenrestaurant drängen sich meist 30- und 40jährige. Wer einen Sitzplatz – innen oder auf den Bierbänken draußen – ergattert hat, wird belohnt mit hervorragender Bistroküche; auch Vegetarisches.

BP (B 5)
Brüsseler Platz 1
Mo–Mi 17–1, Do/Fr 6–11, 17–1, Sa/So 6–12, 18.30–1 Uhr
H Rudolfplatz
BP steht zwar für Brüsseler Platz, aber die Assoziation an Sprit im weitesten Sinne ist gewollt. Denn in der Eckkneipe kann man sein

letztes Wende-Kölsch trinken oder auch das erste – je nachdem.

Café Waschsalon (C 5)
Ehrenstr. 77
9–1, Fr 9–3, Sa 10–3, So 10–1 Uhr
H Friesenplatz   günstig
Hier wird keine schmutzige Wäsche gewaschen, auch nicht verbal. Im Gegenteil: Zwischen umfunktionierten Waschtrommeln tummelt sich ein junges Publikum in Hochstimmung. Die Bierbänke im verkehrsberuhigten Teil der Ehrenstraße sind fast immer voll besetzt.

Daneben (E 3)
Lübecker Str. 15
19–2, Fr/Sa 19–3 Uhr
H Hansaring
Der Name? Ganz einfach: Direkt neben dem Alternativkino Filmpalette lädt die kleine Kneipe mit wechselnder schriller Ausstattung ein. Hier drängt sich ein ebenso buntes Szenepublikum bei lauter Musik zum Kölsch.

Filmdose (B 7)
Zülpicher Str. 39
9–2, Fr/Sa 9–3 Uhr
H Dasselstr.   günstig
Einige alte Filmplakate und bunte Comic-Figuren der früheren Theater-Slapsticks dekorieren die Wände. Interessante Bistroküche, z. B. ›Kölsche Pizza‹ aus Reibekuchenteig; sonntags auch Brunch (10–16 Uhr, reservieren!).

Hallmackenreuther (B 5)
Brüsseler Platz 9
11–1 Uhr
H Rudolfplatz   günstig
Schrilles Design der 60er und 70er Jahre und eine separate Lounge im ersten Stock kennzeichnen den Szenetreff. Frühstück, Bistroküche. Außengastronomie mit Blick auf die Kirche St. Michael.

Heising und Adelmann (C 5)

Friesenstr. 58–60
12–2, Fr 12–3, Sa 18–3, So 18–2,
Küche 12–22.30, Sa/So 18–23 Uhr
H Friesenplatz   moderat/teuer
Schicker Szenetreff im edel mini-
malistischen Design. Wer ›in‹ sein
will, trifft sich hier zu gehobener
Bistroküche. Außer der langen Theke gibt es 80 Sitzplätze und einen
großen Biergarten mit 100 Plätzen.

Hopper (B 6)

Brüsseler Str. 26
11–24 Uhr, Küche 12–23 Uhr
H Rudolfplatz   moderat/teuer
Der Umbau einer ehemaligen
Klosterkapelle zum schicken Ho-
telrestaurant ist perfekt gelungen.
Von der Galerie blickt man auf das
große Wandgemälde oder die
Gäste im Parterre; mittags oft Ge-
schäftsleute, die sich zum ›Speedy
Lunch‹ verabreden. Auch einige
vegetarische Gerichte. Im Sommer
kann man bis 22 Uhr im ruhigen
Innenhof sitzen.

Jameson (C 5)

Friesenstr. 30–40
11–1, Fr/Sa 11–3 Uhr
H Friesenplatz   günstig
Riesiger, typisch irisch-rustikal ge-
stalteter Pub der Extra-Klasse. Natürlich gibt's Unmengen verschie-
dener Sorten Whiskey und Bier,
aber auch opulentes Frühstück, Salate, aber auch warme Gerichte;
dazu Fr/Sa Livemusik.

Jonny Turista (B 7)

Rathenauplatz 8
18–1 Uhr
H Zülpicher Platz   günstig
Urlaubsträume evoziert der Name
dieser Kneipe, und tatsächlich
schaffen Terrakottafliesen, roter
Pseudo-Marmor und die zu Kölsch
oder Cocktails gereichten Tapas
ein gewisses mediterranes Flair.

Klein Köln (C 5)

Friesenstr. 53
22.30–4.30 Uhr
H Friesenplatz
Eine der ›kölschesten‹ Pinten überhaupt: Die legendäre Boxerkneipe
hat ihre Helden in Fotos und Poka-
len verewigt – auch ›Müllers Aap‹,
der einst den Ringrichter k.o. zu
Boden schickte. Im etwas halbsei-
denen Milieu der ›Nachtgaststätte
von 1926‹ beschwören späte
Nachtschwärmer auch schon mal
Freddy-Quinn-Fernweh aus der
Musikbox.

Lommerzheim (G 5)

Siegesstr. 18
Mi–Mo 10.45–14, 16.30–24 Uhr
H Deutzer Freiheit   günstig
Auf der ›schäl Sick‹ die kölsche
Kneipe schlechthin, mittlerweile
sogar in einem Bild-/Anekdoten-
band gefeiert. Dabei scheint das
baufällige Häuschen jeden Mo-
ment einzustürzen. Doch die
Legende lebt – und das seit 40
Jahren. Auch die Riesenkoteletts
schmecken unverändert gut, wenn
es einem überhaupt gelingt, einen
Tisch zu erobern.

Lotte Haifischbar (C 5)

Im Klapperhof 41
18–5, So 21–5 Uhr
H Friesenplatz
Beliebter Szenetreff im Friesenviertel. »Und der Haifisch, der hat
Zähne...«, in diesem Fall schwebt
das Monster über der Tür. Kleine
Bar mit einer großen Auswahl
guter Cocktails für den ›After-
Work-Drink‹ oder zum Abhängen
bis in den frühen Morgen.

Mainzer Hof (F 9)

Maternusstr. 18
Mo–Fr 12–15, 18–1, Fr/Sa 18–2,
So 18–1 Uhr
H Chlodwigplatz   günstig

Szenelokal und derzeit besonders angesagt: das Maybach

Die kölsche Veedelskneipe mit täglich wechselnder Speisekarte ist längst eine Institution in der Südstadt und immer gut besucht. Karneval ist hier die Hölle los.

Manni's Rästorang (C 7)
Kyffhäuserstr. 18
Tel. 23 09 70,
18–1, Fr/Sa 18–2 Uhr
H Zülpicher Platz günst./moderat
Seit 1979 halten die meisten Gäste Manni und seinem rustikalen Kneipenrestaurant die Treue. Aus gutem Grund: Die bürgerlichen Gerichte, verfeinert mit mediterranen Anleihen, sind lecker und großzügig bemessen.

Maybach (D 3)
Maybachstr. 111
10–1 Uhr
H Hansaring günstig/moderat
Absolut trendy ist das ans Filmhaus angegliederte Maybach. Das Restaurant in fast unterkühltem Schick, die große Bar mit erhöhten Sitznischen, der schöne Biergarten mit Blick auf die langsam einrollenden DB-Züge – einfach Klasse.

Dem Publikum – Leute aus der Medienbranche sowie Kinofans aus Filmhaus und Cinedom – gefällt's offensichtlich.

Opera (E 8)
Alteburger Str. 1
17–2, Fr 17–3, Sa/So 10–3 Uhr
H Chlodwigplatz günstig
Seit Jahren eine Heimstatt der Südstadt-Studenten. Im Sommer sind die Bierbänke vor der buntgestreiften Fassade fast immer voll besetzt. Zufriedenstellende Bistroküche.

Spielplatz (F 9)
Ubierring 58
11–2, Fr 11–3, Sa/So 17–2 Uhr,
Küche 12–15, 18–22.30, Fr 12–15, 18–23, Sa/So 18–22.30 Uhr
H Ubierring günstig
Im Angesicht des Gekreuzigten und religiöser Devotionalien werden täglich wechselnde Speisen angeboten. Immer gut besucht, auch die Bierbänke draußen reichen nie. Im hinteren Bereich Kleinkunstbühne. An Karneval kaum Hoffnung auf Einlass.

🍸 Nightlife

Spitz (C 5/E 3)
Ehrenstr. 43, Lübecker Str. 1
9–1, Fr/Sa 9–2, So/Fei 10–1 Uhr
H Rudolfplatz, Ebertplatz
Das meistbesuchte Bistro in der Ehrenstraße. Sehen-und-Gesehen-werden ist oberstes Gebot für alle, die nach dem Shoppingbummel mit der Designertüte schnell auf einen Cappuccino oder ein günstiges Tagesgericht vorbeischauen. Das Spitz II liegt zwar nicht so zentral, aber dafür schöner: Auf der Terrasse mit Blick auf das imposante Eigelsteintor schmeckt die gehobene Bistroküche noch besser.

Tuba (B 7)
Moselstr. 80
17–2, Fr/Sa 15–3, So 15–2 Uhr,
Disko Mo/Fr/Sa ab 22 Uhr
H Dasselstr.   günstig
Schwarzafrika hat hier seine zweite Heimat gefunden. Heiße Rhythmen – Afro, Reggae, Salsa, Soul – locken in die kleine Kellerdisko. Gelegentlich gibt es Lesungen von hierzulande noch zu entdecken-

den Autoren. Kleine Auswahl afrikanischer – z. B. äthiopischer – Speisen; auch Cocktails.

Wippenbekk (F 8)
Ubierring 35
9–1, Fr/Sa/Fei 9–2 Uhr, Küche
9–24 Uhr
H Ubierring   moderat
Das edelste Szenelokal in der Südstadt ist unbestritten das Wippenbekk. Im hell gestylten Ambiente lassen sich manchmal Medienpromis die Bistroküche schmecken. Auch gute vegetarische Gerichte im Angebot.

XX (C 5)
Friesenstr. 62
19–2, Fr/Sa 19–3 Uhr
H Friesenplatz
Seit mehr als zehn Jahren gilt das Dos Equis mit seinem plüschig-abgewetzten Interieur als Künstler- und Intellektuellentreff. Im Sommer süffeln die Gäste in den 30ern und 40ern ihr Kölsch vom Fass im Hinterhof.

Lohnt unbedingt einen Abstecher in die Südstadt: das Wippenbekk

Diskotheken, Clubs & Hallen

Alter Wartesaal (E 5)

Am Hauptbahnhof, Johannisstr. 11
18–1 Uhr, Küche 18–24 Uhr, So
10.30–15 Brunch, Disko 22–5 Uhr
H Dom/Hbf   moderat
Früher diente der ca. 1000 Gäste
fassende Komplex im schönsten
Jugendstil als Bahnhofswartesaal.
Neben dem Restaurant drängen
die Tanzwütigen heute zu den Par-
ties in die Säulenhalle: zum ›Blue
Monday‹ mit Funky Vibes oder zu
Special Parties (Fr/Sa) mit House,
Pop, Soul, Funk, Danceclassics.
Außerdem Livekonzerte und die
TV-Aufzeichnung des Kabarett-
Highlights ›Mitternachtsspitzen‹.

Apollo (C 5)

Hohenzollernring 79–83
Fr/Sa 23–5 Uhr
H Friesenplatz
Am Ring ist das Apollo mittlerweile eine feste Größe als Danceclub mit elektronischem Sound.
Die Bar im Erdgeschoss verspricht
Abkühlung, wenn im Kellerclub zu
HipHop, Funky House und Techno
der Schweiß in Strömen rinnt – vor
allem im ›Chrome Club‹ (Fr). In das
samstägliche ›Nightfever‹ lassen
sich Studenten bei 80er/90er Danceclassics versetzen.

Das Ding (C 7)

Hohenstaufenring 30–32
Mo–Do 21–2, Fr/Sa 21–3 Uhr
H Zülpicher Platz
›Das Ding‹ ist wirklich ein Ding –
seit 1968 (!) ist der kleine Studen-
tenclub für Erstsemester die Ein-
stiegsdroge ins Kölner Nachtleben.
Doch nur mit Studentenausweis
gibt es Getränke zum Sonderpreis
von 1–2 DM (!). Dazu eher Braves
für die Ohren: Charts, Partyclas-
sics, NDW, Oldies, Schlager.

E-Werk (außerhalb)

Schanzenstr. 37
Fr/Sa 20 Uhr Kino, Disko 22–5 Uhr
H Wiener Platz
Der denkmalgeschützte Backsteinbau des ehemaligen Elektrizi-
tätswerks in Mülheim bietet über
3300 Gästen Platz. Am Wochenende sind Filmnovitäten und die
›Double Disco Zone‹ die Attraktion
für Teens und Twens. Ansonsten
Livekonzerte, Comedy-Festival ›Köln
lacht‹, Kabarett und die immer
ausverkaufte Karnevals-Stunksit-
zung. Biergarten mit 650 Plätzen.

Down Town Club (B 6)

Brabanter Str. 15
tgl. (außer Mo) bis 2, Fr/Sa 21–3
Uhr
H Rudolfplatz
Im Belgischen Viertel kann man
fast die ganze Woche abtanzen:
›Single Party‹ für einsame Herzen
(Di, 20 Uhr), 80er/90er Dancehits
(Mi, 21 Uhr). Die ›After Business
Party‹ (Do) lädt Werktätige und
andere zum Cocktail ab 17 Uhr,
Tanz ab 18 Uhr. Am Wochenende
gibt es Dancefloor und Mainstream
und am ›Black Sunday‹ Soul, Funk,
House und HipHop (21 Uhr).

Kantine (D 1)

Kempener Str. 135
Mo, Mi 20–1, Fr/Sa 22–4 Uhr,
Konzerte ab 20 Uhr
H Florastr.
In der ehemaligen Kantine des DB-
Ausbesserungswerks in Nippes
können die ›Älteren‹ über 30 Jahre
abtanzen: Die Parties ›Monday,
Monday‹ und ›My Generation‹
(Mi) spielen gut tanzbaren Retro-
Sound. ›Friday Night Fever‹ ver-
spricht den technofreien Wochen-
endstart, während ›Saturday Night
Flash‹ verstärkt House, Soul und
Chartklassiker bringt. Im Sommer
großer Biergarten zum Abkühlen.

Nightlife

Live Music Hall (außerhalb)
Lichtstr. 30
Mi, Fr 21–3, Sa 22–4 Uhr,
Konzerte ab 20 Uhr
H Venloer Str./Gürtel
In der großen Halle (1500 Gäste) fordert ›Let's Dance‹ (Mi) zum Abtanzen bei Partyklassikern und aktuellen Charthits auf. Samstags geht die Post ab beim ›Rockgarden‹ mit altvertrautem Gitarrenrock, Crossover und Alternative. Kontrastprogramm dazu ist die ›80er-/Pop-Party‹ (Fr). Außerdem füllen Live-Acts bekannter Rockgruppen die Halle.

MTC (C 7)
Zülpicher Str. 10
Di–Do 21–1, Fr nach Konzert bis 3, Sa 21–3 Uhr
H Zülpicher Platz
Der Kellerclub im Bermuda-Dreieck ist wegen seiner günstigen Preise bei Studenten beliebt. ›The Floorshow‹ lädt zu 80's, Gothic und Wave (Do). Zum ›Friday Night Drive‹ gibt's Punkrock, Alternative und Dancefloor. Bei ›Stone Jam‹ (Sa) fetzen Rock, HipHop und Indie. Sonst gibt es Live-Auftritte aller Stilrichtungen.

Petit Prince (C 5)
Hohenzollernring 90
Di–Do, So 21–3, Fr/Sa 22–5 Uhr,
Café ab 21 Uhr
H Friesenplatz
Café und kleiner Diskokeller vibrieren zu karibischen Rhythmen. Salsa und Merengue bringen die Tänzer in Schwung, und wer noch etwas hüftsteif ist, kann im Gratis-Salsa-Kurs (Mi/Do, Sa/So) schnell die richtigen Schritte lernen – das Bacardi-Feeling stellt sich dann von selbst ein. Ebenfalls ein Dauerbrenner ist die Party ›Reggae Dancehall‹ (Fr) mit den neuesten Hits aus Jamaika.

Prime Club (C 8)
Luxemburger Str. 40
Mi 21–3 Uhr, Fr/Sa 22–3 Uhr,
Konzerte ab 20 Uhr
H Barbarossaplatz
Der mittlerweile etablierte Musikclub richtet sich vorwiegend an Studenten. So trifft man sich gerne zur ›Campus Night‹ (Mi) bzw. zur ›C(h)ampus Night‹ (Fr) und zur ›Primel Party‹ (Sa) vorwiegend bei Mainstream-Sound. Ansonsten gut besuchte Livekonzerte.

Studio 672 (B 5)
Venloer Str. 40
Do 22–2 Uhr, Fr/Sa 23–4 Uhr,
Konzerte 20.30/21 Uhr
H Friesenplatz
Im Kellerclub des Stadtgartens können sich Free Jazz, Avantgarde-Musik und die Elektronikszene, die in Köln ohnehin ihre heimliche Hauptstadt gefunden hat, frei entfalten. Regelmäßig gibt's die Party ›Beat Boutique‹ (Do) mit wechselndem Programm und Live-Acts. Techno und House wummert bei der ›Total Confusion‹ (Fr). ›Die Drehscheibe‹ (Sa) spielt Nu-Jazz, HipHop und House.

Underground (außerhalb)
Vogelsanger Str. 200
18–1, Fr/Sa 18–3 Uhr, Konzerte ab 20 Uhr, Party ab 21 Uhr
H Venloer Str./Gürtel
Der Name ist Programm: Im heruntergekommen wirkenden Ambiente von kargem Danceclub, Kneipe und Biergarten fühlen sich vor allem Studenten in Jeans und Shirt wohl. Die Boxen dröhnen am ›Pink Monday‹ mit HipHop bis Hardcore, bei der ›Indie Explosion‹ (Mi) und mit Punk 'n' Roll und Garage zur ›Forbidden Dimension‹ (So). Am ›Fat Friday‹ läuft HipHop und House, sonst Brit Pop (Do) und Party-/Popmusik (Sa).

Jazz & Chanson

Für Jazzfans ist Köln ein Mekka: Hochkarätige Konzerte präsentieren die Musikhochschule und die Philharmonie (mit WDR-Aufzeichnung), aber auch zahlreiche andere Locations.

Boudoir (C 8)

Stolzestr. 1
18–1 Uhr, Außenplätze 18–23 Uhr
H Barbarossaplatz   günstig
Wer den Weg am dunklen Bahndamm entlang nicht scheut, kann ein schwülstig-schön dekoriertes Etablissement entdecken mit viel Gold, rotem Samt und Piano. Den Tasten wird Do untermalende Barmusik entlockt (freier Eintritt); jeden 1. Sa im Monat gibt es Jazz und Chansons (Okt. bis Mai). Weitere Pluspunkte: die wöchentlich wechselnde Speisekarte mit gutem Preis-Leistungs-Verhältnis, die Auswahl an Weinen und Malt Whiskys (40 Sorten). Wird nicht lange ein Geheimtipp bleiben!

Bruegel (C 6)

Hohenzollernring 17
12–3, Sa/So 17–3 Uhr, Küche
12–24, Sa/So 17–24 Uhr
H Rudolfplatz   moderat
Mittags trifft sich hier am Ring die umliegende Geschäftswelt. Abends verleihen gute Live-Acts (ab 23 Uhr, meist Soul und Jazz) dem schicken, zweistöckigen Etablissement ein bisschen Broadway-Flair. Entsprechend höher sind die Preise für internationale Küche und Cocktails.

Em Streckstrump (Nebenkarte)

Buttermarkt 37
19–3, So 15.30–3 Uhr, So 15.30 Uhr erstes Konzert
H Heumarkt
Papa Joe's Jazzlokal in der Altstadt floriert seit 1974. Täglich swingt die kleine rustikale Pinte, wenn die Bands Dixies und Skiffle zum Besten geben. Zwar nicht ganz wie in New Orleans, aber das machen gutes Kölsch und freier Eintritt wett.

In der Jazzszene international bekannt: der Stadtgarten

Nightlife

Klimperkasten (Nebenkarte)
Alter Markt 50–52
11–1, Fr/Sa 11–3 Uhr
H Heumarkt   günstig
Auch Papa Joe's Biersalon erfreut sich seit über 20 Jahren großer Beliebtheit, denn das nostalgische Interieur mit alten Musik- und Spielautomaten für Seltenheitswert. Das 20er-Jahre-Flair unterstreichen Kaffeehausmusik und Chansons. Kleine Gerichte fürs leibliche Wohl.

Loft (A 3)
Wissmannstr. 30
Konzerte ab 20 Uhr
H Venloer Str./Gürtel
Eine ehemalige Fabriketage in Ehrenfeld stellt seit 1989 den adäquaten Rahmen für Avantgarde-Jazz und improvisierte Neue Musik. Für anspruchsvolle Ohren!

Metronom (C 7)
Weyerstr. 59
20–1 Uhr
H Barbarossaplatz
Der schlauchförmigen Kneipe fehlt der Platz für eine Bühne, aber die Sammlung von über 1000 LPs lässt das Herz von Jazzfreaks aller Altersklassen höher schlagen – und das seit über 30 Jahren.

Stadtgarten (B 5)
Venloer Str. 40
12–1, Fr 12–2, Sa/So/Fei 10–2, So 10.30–14 Uhr Frühstück
Konzerte ab 20.30 Uhr, Parties 22–4 Uhr
H H.-Böckler-Pl.   günst./moderat
Neben Biergarten und Kneipenrestaurant ist der Stadtgarten längst eine Institution in Sachen Jazz. Zu akzeptablen Preisen hören die Fans lokal und überregional bekannte Größen, wie die WDR Big Band, aber auch internationale Live-Acts. Genauso voll wird der Saal bei den Parties, z. B. ›Köllifornia‹ mit HipHop, ›Electric Mojo‹ (Drum 'n' Bass) und dem ›Mojo Club‹ (Dancefloor, Jazz). Im Kellerclub riskiert das Studio 672 avantgardistischen Sound (s. S. 50, Biergarten s. S. 55).

Gays & Lesbians

Gay People finden in Köln ihr San Francisco am Rhein. Vielleicht ist es die sprichwörtliche kölsche Toleranz, das »lääve un lääve losse«, die der schwul-lesbischen Gemeinde großen Freiraum gewährt. Wo mittlerweile mehr als 100 000 Einwohner zur Family gehören, wird nicht nur am Christopher Street Day die Nacht zum Tage gemacht. Schon in mehr als 50 Kneipen und Clubs sind rosa Zeiten angebrochen.

Deck 5 (E 6)
Mathiasstr. 5
20–1, Sa/So auch ab 6 Uhr
H Heumarkt
Eine geschwungene Theke in Bootsform und Lampen wie Bullaugen – da gehen ›Vollmatrosen‹ und ›Schiffsjungen‹ immer gerne an Bord. Mottoparties wie ›Käptns Cruise‹, ›Bloody Monday‹, ›Crossfader‹, ›Wasserdicht‹ und ›Stapellauf‹ laden zum Cruising ein.

Gloria (C 6)
Apostelnstr. 11
Café 10–23, So 11–23 Uhr (bei Veranstaltungen länger), Veranstaltungstermine s. Tagespresse
H Neumarkt   günstig
Das ehemalige Gloria-Kino aus den 50er Jahren ist heute ein beliebter Treffpunkt von Homos, aber auch Heteros. Im Foyer-Café kann man nach dem Einkaufs-

Einst Filmpalast, später Pornokino, heute Szenetreff: das Gloria

bummel ein Pause einlegen und auch kleinere Tagesgerichte essen. Im dahinter liegenden Saal produzieren sich gerne die Schönen der Nacht. Gelegenheit dazu haben sie bei den Parties (23–4 Uhr), z. B. den ›Vinyl Vibes‹ (Do) mit Jazz, Latin, Funk und Soul. Schwul-lesbisches Publikum ergötzt sich an ›Studio 54‹ und ›Schlagerparty‹ (Fr) und der ›Rosa Sitzung‹ im Karneval. Außerdem: Comedy- und Kabarettveranstaltungen, Konzerte.

Hotel Timp (Nebenkarte)
Heumarkt 25
11–5 Uhr
H Heumarkt
In der engen, schrillen Altstadtpinte ist fast immer der Teufel los. Ab 1.40 Uhr ziehen auf der winzigen Bühne Travestiekünstler alle Register ihres Könnens: Ob Marianne Rosenberg, Nana Mouskouri oder Liza Minnelli – das Publikum, am Wochenende oft viele Touristen, manchmal auch Promis, geht begeistert mit. Während der Karnevalstage hoffnungslos überfüllt.

Lulu (D 5)
Breite Str. 79
Di, Fr 22–4.30, Sa 23–4.30 Uhr
H Appellhofplatz
Im Souterrain der Kölner Ladenstadt heizt Europas größte schwul-lesbische Disko ein. Die 2000 m^2 gliedern sich in verschiedene Räumlichkeiten. Auf zwei großen Tanzflächen mit Bühne glitzern Schweißperlen zu House Music. Im xs-club laufen immer noch erfolgreich die heiße Dienstagsparty ›Funky Chicken Club‹ und die Frauenparty ›Pussy Cat‹ (Fr). Freitags steigert man(n) sich in einen ›Hysteric Glamour‹, und ›Saturgay Nightlife‹ heizt mit Gay House Sound ein. Zur Abkühlung lädt die VIP-Lounge ein, während freizügige Filme im Transformator ganz schön anturnen. Wer's dann nicht mehr aushalten kann, verdrückt sich mal eben in den Darkroom.

Quo Vadis (E 6)
Vor St. Martin 8
12–24, Fr/Sa 11–1 Uhr
H Heumarkt

Im Schatten von Klein St. Martin ist der beliebte Treff seit Jahren etabliert. Das Café-Restaurant mit großer Außenterrasse lädt zum Imbiss ein (wechselnde Tageskarte). Genauso schön lässt sich die Zeit mit Sonntagskaffeeklatsch und Gesellschaftsspielen vertrödeln.

Teddy Treff (E 6)
Stephanstr. 1
Di–Do, So 20–1, Fr/Sa 20–3 Uhr
H Heumarkt
Hier tanzt der Bär! Das ganze Jahr über herrscht Hochstimmung: Karnevals- und Schunkellieder, Schmusewalzer und Schlagerseligkeit begeistern alle Altersklassen. Auch Heteros werden im allgemeinen akzeptiert.

Vampire (B 7)
Rathenauplatz 5
Di–Do, So 20–1, Fr/Sa 20–3 Uhr
H Zülpicher Platz
Blutsauger wurden noch nicht gesichtet, aber blutrot bleibt das modern-elegante Interieur jedem in Erinnerung. In der noblen Cocktailbar unterhält sich gerne das lesbische Publikum mittleren Alters, aber auch Heteros haben Zutritt.

Biergärten

Aachener Weiher (A 6)
Aachener Str., im Grüngürtel
12–22 Uhr
H Moltkestr.
Mitten in der Stadt, doch dank seiner Lage im Inneren Grüngürtel eine Idylle für Romantiker – bei Sonnenuntergang über dem Weiher liefern Ostasiatisches Museum (s. S. 77) und majestätisch dahingleitende Schwäne eine bezaubernde Scherenschnittsilhouette.

Über 600 Plätze, davon 120 unter dem Zeltdach. Wer keinen Platz findet, setzt sich mit dem Glas an die Uferböschung.

Alte Feuerwache (D 3)
Melchiorstr. 3
10–23 Uhr
H Ebertplatz
Eine Oase der Ruhe vom Trubel der Innenstadt ist die Terrasse, umgeben von der Backsteinkulisse der Alten Feuerwache. Draußen wie im Lokal solide Bistroküche.

Deutzer Bahnhof (G 5)
Ottoplatz 7
11 bis ultimo (keine Sperrstunde), Küche 11–23 Uhr
H Bf Deutz/Messe
Die Außenterrasse mit 100 Plätzen zeigt, dass man auch der ›schäl Sick‹ schöne Seiten abgewinnen kann. Wenn es draußen zu frisch wird, wechseln die Unermüdlichen ins Lokal mit zwei Etagen. Über die Küchenzeiten hinaus gibt es Tapas und Salate. Danach können die Bewegungsfanatiker im Deutzer Nachtzug abtanzen – zu Mainstream ohne House und Techno.

Herbrand's (außerhalb)
Herbrandstr. 21
12–1, Sa/So 10–1 Uhr
H Venloer Str./Gürtel
Riesige, futuristisch wirkende Eisenskulpturen sind der Blickfang im größten Biergarten Ehrenfelds (850 Plätze). Genauso beliebt sind Kneipe und Club, dessen Jazzkonzerte und Wochenendparties das meist studentische Publikum mit freiem Eintritt locken.

Hyatt Hotel (außerhalb)
Kennedy-Ufer 2a
16–24, Sa 14–24, So 11–24 Uhr
H Deutzer Freiheit

Terrasse des Hotels am rechten Rheinufer mit Blick auf das Altstadtpanorama. Sonntags ist der Jazzfrühschoppen von 11–14 Uhr, bei dem Livebands spielen, eine zusätzliche Attraktion.

Monheimer Hof (H 1)

Riehler Str. 231
11–1, Fr/Sa 11–3, So 10–1 Uhr, Biergarten 12–24, So/Fei 10–24 Uhr
H Boltensternstr.

Die berühmt-berüchtigten Engtanzfeten in der Kneipe sind vielleicht nicht jedermanns Geschmack. Aber der Biergarten im idyllisch verwinkelten Innenhof ist schon lange Generationen übergreifend beliebt, und die 350 Plätze sind schnell besetzt.

Stadtgarten (B 5)

Venloer Str. 40
12–1, Fr 12–2, Sa/So/Fei 10–2, So 10.30–14 Uhr Frühstück, Biergarten 12–22 Uhr
H Hans-Böckler-Platz

Summer in the city – da gibt's nach Feierabend nur eine Adresse, so scheint es! Die vielen Plätze sind schon am frühen Abend fast alle besetzt. Was gibt es Schöneres als Sehen-und-Gesehen-werden, frohlockt das junge erfolgreiche und das studentische Publikum. Drinnen werden in der hellen Architektur der Szenekneipe ordentliche Bistroküche, Tapas und andere Kleinigkeiten gereicht. Im Konzertsaal drängt sich das Publikum regelmäßig bei Parties und Livekonzerten (s. S. 55).

Volksgarten (C 9)

Volksgartenstr. 27
12–24 Uhr (nur bei gutem Wetter)
H Eifelplatz

Mitten im Park (s. S. 79) liegt der kleine Biergarten, eingebettet in eine schöne Kulisse – am romantischen Weiher mit Wasserfontäne, Ruder- und Tretbooten und vielen Enten, die sich gerne eine Zusatzration füttern lassen.

Der Stadtgarten – im Biergarten langsam anfangen, dann im Kneipenrestaurant oder Konzertsaal den Abend ausklingen lassen

Das Severinsviertel feiert am »Längste Desch vun Kölle«

Über das tägliche Kulturprogramm in Köln informieren die Tageszeitungen, die Stadtmagazine **StadtRevue, Kölner Illustrierte** und **Prinz** sowie die Monatsvorschau von **KölnTourismus**.

Einen Veranstaltungskalender für Köln (und andere Städte) bietet der DuMont Buchverlag unter **www.dumontverlag.de**.

Pressestimmen zu Kölner Theater- und Kabarettdarbietungen, Aufführungstermine und aktuelle Tipps findet man unter **www.theaterszene-koeln. de**

Feste & Events

Januar–März
Karneval (22.–27. 2.): Nach Silvester beginnt der Marathon der **Karnevalssitzungen und -bälle**. Eine Programmübersicht erhält man bei KölnTourismus. Für die meisten Veranstaltungen ist eine frühe Reservierung notwendig. Einzelkarten gibt es mit etwas Glück an den Abendkassen. Schnell vergriffen sind die Karten für die **Stunksitzung** der Alternativen im E-Werk, die **Puppensitzung** im Hänneschen-Theater und die **Lachende Kölnarena**.

Die ›Fünf Tollen Tage‹ gehören dem jecken Volk auf der Straße und in den Kneipen. Den Rahmen bilden die folgenden Veranstaltungen: An **Weiberfastnacht**, dem Donnerstag vor Rosenmontag, wird um 11 Uhr 11 auf dem Alter Markt der Straßenkarneval eröffnet, um 15 Uhr wird an der Severinstorburg das Historienspiel ›Jan und Griet‹ aufgeführt. Freitagabend **Sternmarsch der Karnevalsvereine** zum Alter Markt. Samstagmorgen findet das traditionelle **Funkenbiwak** auf dem Neumarkt statt und abends zieht – sofern die Finanzierung klappt – der alternative **Geisterzug**. Am Sonntag gehen die **Schull- und Veedelszöch** mit bunten Kostümen und Mottowagen durch die City. Den gleichen Weg nimmt am Montag der **Rosenmontagszug**; etwa eineinhalb Mio. Zuschauer erleben den Höhepunkt des offiziellen Karnevals live. Am Dienstag gibt es **Umzüge** in verschiedenen Stadtteilen. Um Mitternacht endet der Karneval in vielen Kneipen mit der **Nubbelverbrennung**, aber meistens wird hinterher noch bis in den frühen Morgen weitergefeiert. Am **Aschermittwoch** ist dann endgültig »Schluss mit lustig«, abends trifft man sich aber noch zum traditionellen Fischessen.

März

lit.Cologne (21.–25. 3.): Internationales Literaturfest; Eröffnungsgala in der Kölner Philharmonie

Kunst Messe Köln (24. 3–1. 4.): Kunst und Antiquitäten von der Antike bis ins frühe 20. Jh.

kunstKöln (24. 3–1. 4.): Editionen, Art Brut, Kunst nach 1960

April

Internationale Ostereier-Börse: Kunst rund ums Ei im Gürzenich.

Ostermarkt: Handwerker, Kunsthandwerker und Ökologisches in der Altstadt.

Eishockey-WM 2001 (25. 4.–10. 5.): Eröffnungsspiel und weitere spannende Begegnungen in der Kölnarena.

Mai

Hänneschen-Kirmes (19./20. 5.): Fest der Puppenspiele auf dem Eisenmarkt.

Eigelsteinfest: Straßenfest vor der historischen Torburg mit Musik, Shows, Imbiss- und Bierwagen.

›Der Meister des Bartholomäus-Altares‹ (20. 5.–19. 8.): Tradition und Moderne in der Kölner Malerei um 1500; Sonderausstellung in den neuen Räumen des Wallraf-Richartz-Museums.

Mai/Juni:

Medienbürgerfest: Die Altstadt steht mit Shows und Unterhaltung und vielen Infoständen der Sendeanstalten und Produktionsfirmen ganz im Zeichen der Medien. Parallel findet in der Messe das Medienforum NRW statt.

Juni:

Romanischer Sommer: Musikalische Wanderung durch Kölns romanische Kirchen.

Mülheimer Gottestracht (14. 6.): Traditionelle Schiffsprozession auf dem Rhein an Fronleichnam.

Juli

Christopher Street Day (8. 7.): Die schrille Parade der Schwulen und Lesben und das Straßenfest locken von Jahr zu Jahr mehr Teilnehmer und Zuschauer in die City.

Kölner Feuerzauber (13.–15. 7.): Spaß und Unterhaltung am Rheinufer mit Großfeuerwerk.

Juli/August

Sommer Köln: Open Air und Eintritt frei: Straßentheater, Kabarett, Konzerte und Comedy an verschiedenen Veranstaltungsorten.

Fantasy Film Fest: Das Neueste und Abgedrehteste des Genres.

Kölner Sommerfestival (4. 7.–10. 8.): Tanz, Ballett und Musicals.

August

Popkomm (16.–19. 8.): Die weltweit größte Messe für Popmusik und Entertainment wird begleitet von einem prall gefüllten Konzertprogramm in den Kölner Clubs und dem Musikfest am Ring. Über 2 Mio. Besucher lassen sich von mehr als 2500 Künstlern zwischen Neumarkt und Mediapark unterhalten.

Weltmusik Festival: Auf dem Roncalliplatz präsentieren sich Musiker aus aller Welt.

Hunnenlager: Volksfest der Karnevalsgesellschaft ›1. Kölner Hunnenhorde‹ im Volksgarten.

Brühler Musikfestwoche: Konzerte und Fest in Schloss Augustusburg in Brühl, barockes Feuerwerk im Schlosspark.

September

Kölner Bücherherbst: Präsentation der Kölner Verlage und Buchhandlungen auf dem Neumarkt; zahlreiche Lesungen und Diskussionsrunden.

Kölner Brückenlauf: Rundkurs über die schönsten Rheinbrücken.

Museums-Fest: Kölner Museen präsentieren sich an einem Sonntag (kostenloser Eintritt; Pendelbusse zwischen den Museen).

Tag des offenen Denkmals: Bebekannte und weniger bekannte historische Bauwerke sind für das Publikum geöffnet.

»Dä längste Desch vun Kölle«: Traditionsreiches Straßenfest im Severinsviertel mit Musikbühnen, Imbiss- und Bierbuden.

Short Cuts Cologne: Kurzfilmfestival im Kölner Filmhaus.

Oktober

Köln Marathon (7. 10.): Sportliches Großereignis und Volksfest zugleich; über 10 000 Läufer, etwa 3000 Inline-Skater und mehr als eine halbe Mio. Zuschauer.

Feminale: Internationales Frauen-FilmFestival.

Internationales KölnComedy Festival: Das totale Lachprogramm mit über 80 Gruppen in mehr als 90 Veranstaltungen.

Kölner Digitale: Experimentelles per Computer in Film und Videokunst.

November:

11. 11. um 11 Uhr 11: Eröffnung der Karnevalssession auf dem Alter Markt.

Art Cologne: Umfassender Überblick über den aktuellen internationalen Kunstmarkt. Rund 250 Aussteller aus über 20 Ländern bieten Sammlern verführerische Gelegenheiten zum Kunsterwerb.

Weihnachtsmärkte (24. 11.–23. 12.): »Süßer die Glocken nie klingen« auf dem Roncalliplatz, Alter Markt, Neumarkt und Rudolfplatz.

Reisemarkt Köln International (30. 11.–2. 12.): Urlaubsstimmung in den Messehallen; alles zum Thema Reisen.

Dezember

Silvester: Feuerwerk mit spontanen Parties am Rheinufer und auf den Brücken.

Kino

Broadway (C 5)

Ehrenstr. 11
H Neumarkt
Zentral gelegenes Programmkino mit drei Sälen und kleiner Bar.

Cinedom (C 4)

Im Mediapark 1
Tel. 95 19 51 95
H Christophstr.
Der Multiplex zeigt in 14 Sälen Mainstream in technisch perfekter Qualität. Unter der Sternenkuppel im Foyer laden Cafés und Bistros ein.

Cinenova (außerhalb)

Herbrandstr. 11
Tel. 954 17 22
H Venloer Str./Gürtel
Anspruchsvolles Kino in Ehrenfeld. Gutes Kneipenrestaurant mit Biergarten und Open-Air-Kino.

Filmpalette (E 3)

Lübecker Str. 15
H Hansaring
Ausgefallene Produktionen vorgeführt in einem winzigen Kinosaal.

Kölner Filmhaus (D 3)

Maybachstr. 111
H Christophstr.
Das hauseigene Kino zeigt neben Experimentellem ausgesuchte Re-

Einer der schönsten Konzertsäle Deutschlands: die Philharmonie

pertoirefilme; Kinofestivals finden hier den richtigen Rahmen.

Lupe 2 (C 6)
Mauritiussteinweg 102
H Mauritiuskirche
Seit Jahrzehnten *das* Programmkino schlechthin mit Filmklassikern.

Metropolis (E 6)
Ebertplatz 19
H Ebertplatz
Viele der anspruchsvollen Filme laufen hier im Originalton, ambitioniertes Kinderprogramm.

Residenz (C 4)
Kaiser-Wilhelm-Ring 30
H Christophstr.
In einem großen und drei kleineren Sälen päsentiert das Arthouse-Kino cineastische Leckerbissen.

Rex am Ring (C 5)
Hohenzollernring
H Friesenplatz
Traditionshaus mit mehreren Sälen. Nachspielkino (für 4,99 DM!).

Oper & Konzerte

Hochschule für Musik (E 4)
Dagobertstr. 38
Tel. 91 28 18-0
H Ebertplatz
Konzerte, Musiktheater, Tanzvorstellungen von Studenten und bereits arrivierten Musikern.

Kölner Philharmonie (Nebenkarte)
Bischofsgartenstr. 1
Kartenhotline: Mo–Fr 8–21, Sa 8–14, So 10–14 Uhr; Tel. 28 02 80
www.koelner-philharmonie.de
H Dom/Hbf
Räumliche Harmonie und brillante Akustik machen die Philharmonie zum Konzertsaal der Superlative. Hier spielen das Kölner-Sinfonie-Orchester und das Gürzenich-Orchester auf; Weltstars sind regelmäßig zu Gast.

Oper der Stadt Köln (D 5)
Offenbachplatz
Abendkasse Tel. 221-282 84

Tickets

Bühnen der Stadt Köln
Offenbachplatz 5
Theaterkasse im Opernhaus:
Mo–Fr 9–18, Sa 9–14 Uhr
Telefonische Bestellung: Mo–Sa
9–14 Uhr; Tel. 221-284 00
Fax 221-282 49
Karten der Städtischen Bühnen
KölnTicket
Roncalliplatz am Römisch-Germa-
nischen Museum
Mo–Fr 9–18.30, Do 9–20,
Sa 9–16 Uhr
Tel. 28 01, Fax 20 40 81 61
Internet: www.koelnticket.de
(Buchung und Verkauf)

Karten für mehr als 5000 Hap-
penings pro Jahr in Kölnarena,
Philharmonie, Gürzenich und Mu-
sical Dome, für die Städtischen
Bühnen und freien Theater, für
WDR-Konzerte und Sport-Events.
Vorverkaufsstellen:
Buchhandlung Gonski,
Neumarkt 18 a, Tel. 20 90 93 56
Theaterkasse im Kaufhof,
Hohestr. 1, Tel. 257 88 11
Theaterkasse Neumarkt,
in der KVB-Passage,
Tel. 257 38 42
Ticket Shop im Cinedom,
Mediapark 1, Tel. 952 97 30

H Appellhofplatz
Stücke der klassischen Moderne
und Musiktheater gehören ebenso
zum Repertoire wie Standardwer-
ke. Im bunten Zelt im Foyer der
Oper, der **Yakult Halle**, spielen die
Sänger und Musiker für Kinder.

Funkhaus Wallrafplatz (E 5)
WDR, Wallrafplatz 5
Konzertkasse Tel. 220-21 44
www.wdr.de
H Dom/Hbf
Im Sendesaal des WDR musizieren
u. a. Kölner Rundfunkorchester
und -chor. Hier werden die WDR 3
Nachtmusik und die Matinee der
Liedersänger aufgezeichnet.

Brühler Schlosskonzerte (außerhalb)
Schloss Augustusburg, Brühl
Vorverkauf Tel. 022 32/79 26 80
www.schlosskonzerte.de
Konzerte im barocken Treppen-
haus des Schlosses (Mai bis Sept.).

Musical

Musical Dome (E 4)
Goldgasse 1
Kartenhotline Tel 01 80/51 52 53-0
H Breslauer Platz
Di–Fr 20 Uhr, Sa 15 und 20 Uhr, So
14 und 18.30 Uhr
Das Musical ›Saturday Night Fever‹
im blauen Zelt neben dem Dom
weckt das schrille Lebensgefühl
der 70er Jahre.

Theater & Kabarett

Arkadaş-Theater (außerh.)
Platenstr. 32
Tel. 955 95 10
H Venloer Str./Gürtel
Das deutsch-türkische Theater
wirbt mit seinem mehrsprachigen
Programm für kulturelle Verständi-
gung.

Atelier-Theater (B 7)
Roonstr. 78

Tel. 24 24 85
H Zülpicher Platz
Die Kleinkunstbühne unter der Leitung der Kabarettistin Rosa K. Wirtz bietet Kabarett-, Chanson- und Comedy-Abende; im Foyer kleine Café-Bar.

Bühnen der Stadt Köln
Schauspielhaus (D 6)
Offenbachplatz
Abendkasse Tel. 221-282 52
H Appellhofplatz
Trotz knapper Finanzen und kleinem Ensemble wird – zumindest zeitweise – großes Theater geboten.

Schlosserei (D 6)
Krebsgasse 20
Abendkasse Tel. 221-283 21
H Appellhofplatz
Kleine Experimentierbühne mit interessantem Programm.

Halle Kalk (außerhalb)
Neuerburgstr.
Abendkasse Tel. 87 57 41
H Kalk Kapelle
Außenposten des Schauspiels in einer ehemaligen Fabrikhalle im Rechtsrheinischen.

West-end-Theater (D 6)
Offenbachplatz
Abendkasse Tel. 221-282 52
H Appellhofplatz
Theater hautnah erlebt man in dem winzigen Saal mit der üppigen, schein-barocken Ausstattung im oberen Foyer des Schauspielhauses.

Comedia Colonia (E 7)
Löwengasse 7–9
Tel. 399 60 10
H Severinstr.
Den großen Theatersaal füllen die Stars der Kleinkunstszene. Engagiertes Kinder- und Jugendtheater bringt hier die Comedia-Gruppe **Ömmes & Oimel** auf die Bühne.

Freie Kammerspiele Köln (außerhalb)
Thebäerstr. 17, Barthonia-Forum
Tel. 952 44 54
H Körnerstr.
In der ehemaligen Cremefabrik von 4711 werden anspruchsvolle aktuelle Stücke geboten sowie ein multikulturelles Programm mit der Gruppe ›tko-Romano Theatro‹.

Hänneschen-Theater (Nebenkarte)
Eisenmarkt 2–4
Tel. 258 12 01
H Heumarkt
Die ›Knollendorfer Sippschaft‹ hat mit ihren Stücken in kölscher Mundart bereits viele Generationen von Kölnern ergötzt. Für die Kindervorstellungen der Stockpuppen am Nachmittag gibt es auch kurzfristig oft noch Karten.

Kaiserhof Theater (C 5)
Hohenzollernring 92
Tel. 139 27 72
H Friesenplatz
Mit seinen witzig-schrillen Musicals hat Walter Bockmayer das legendäre Kaiserhof-Theater wiederbelebt. Intimer, aber nicht weniger abgedreht geht es in der kleinen **Kaiserdose** im Keller zu.

Die Machtwächter (C 5)
Gertrudenstr. 24
Tel. 257 83 60
H Neumarkt
Politisches Kabarett von und mit Heinz Herrtrampf und Wiltrud Fischer, auch nach mehr als 30 Jahren mit Biss und Aktualität.

Orangerie (D 9)
Volksgartenstr. 25
Tel. 952 27 08
H Ulrepforte
In den Sommermonaten findet das ›Healing Theatre‹ im Gewächshaus

im Volksgarten eine Spielstätte. Die unkonventionellen Aufführungen experimentieren mit der Kombination von Schauspiel, Pantomime, Tanz und Musik.

Senftöpfchen (Nebenkarte)

Große Neugasse 2–4
Tel. 258 10 58
H Dom/Hbf
In Kölns ältester Kleinkunstbühne bieten avancierte Künstler exzellentes Kabarett und Shows. Lokale Stars wie Hanns Dieter Hüsch und Konrad Beikircher sowie das Bonner Springmaus-Theater sind regelmäßig zu Gast. Eintritt und Verzehr (Getränkezwang!) sind hier allerdings teuer.

Theater am Dom (D 5)

Glockengasse 11
Kölner Ladenstadt

Fernsehen live

Zuschauer für die Produktionen in den TV-Studios in Köln-Ossendorf und in Hürth vermitteln: TV Ticket Service Hürth, Tel. 022 33/ 96 36 40 (u. a. stern-TV mit Günther Jauch), Mediabolo TV Casting, Tel. 27 37 47 (diverse RTL-Talkshows), Mercur Media, Tel. 931 23 40 (u. a. Kochduell). ›Geld oder Liebe‹ und ›Boulevard Bio‹ – der WDR kann sich vor Anfragen nicht retten und verlost deshalb Karten (Info: Tel. 220 67 44 oder www.wdr.de)

Tel. 258 01 53
H Appellhofplatz
Boulevardtheater mit bekannten Schauspielern.

Theater am Sachsenring (E 8)

Sachsenring 3
Tel. 31 50 15, 32 45 06
H Chlodwigplatz
Im Salontheater gibt es literarisches Kabarett und anspruchsvolle Komödien; oft Ur- und Erstaufführungen. Die ›Confederacy of Fools‹ spielt regelmäßig in englischer Sprache.

Theater der Keller (D 8)

Kleingedankstr. 6
Tel. 31 80 59
H Ulrepforte
Mit sicheren Rennern und Inszenierungen engagierter Gegenwartsautoren gelingt die Symbiose zwischen Kunst und Kommerz; angegliedert ist eine erfolgreiche Schauspielschule.

Theater im Bauturm (B 6)

Aachener Str. 24–26
Tel. 52 42 42
H Rudolfplatz
Der anspruchsvolle Spielplan bietet eine Mischung aus bearbeiteten Klassikern und zeitgenössischen Stücken. Beliebtes Szenecafé (s. S. 36).

Volkstheater Millowitsch (B 6)

Aachener Str. 5
Tel. 25 17 47
H Rudolfplatz
Mit der Fernsehübertragung des ›Etappenhas‹ 1953 erlangten Willy Millowitsch und der kölsche Humor erstmals überregionale Popularität. Nach dem Tod des Patriarchen führt Sohn Peter den Familienbetrieb mit selbstgeschriebenen Mundart-Stücken fort. In den Thea-

terferien spielen ›Die Höhner‹ kölsche Hits vor ausverkauftem Haus oder ›Chez nous‹ zeigt Travestie.

TV-Produktionen

Die Harald-Schmidt-Show (außerhalb)

Schanzenstr. 39, Studio 449
Kartenhotline Tel. 01 80/533 00 33
H Wiener Platz
Der Umzug ins Rechtsrheinische hat der Popularität von ›Dirty Harry‹ keinen Abbruch getan. Die Halle neben dem E-Werk ist Di–Fr immer ausgebucht.

Wochenshow (C 5)

Hohenzollernring 79–83, Capitol
Kartenhotline Tel. 01 80/533 43 34
H Friesenplatz
Fr um 20 Uhr präsentiert SAT 1 die witzigsten Nachrichten der Welt.

Veranstaltungsorte

Gürzenich (E 6)

Martinstr. 29–37
H Heumarkt
Außer Kongressen finden in Kölns historischem Festsaal Konzerte, Kabarett-Abende, Bälle, Karnevalsveranstaltungen u. v. m. statt.

Kölnarena (H 5)

Willy-Brandt-Platz
H Bf Deutz/Messe
Sport-Events, Karnevalsveranstaltungen oder Konzerte von Pop über Klassik bis Volksmusik.

Müngersdorfer Stadion (außerhalb)

Aachener Str.
H Stadion
Außer Fußballspielen des 1. FC Köln finden auch Open-Air-Konzerte statt.

Besucherandrang im Gürzenich

Palladium (außerhalb)

Schanzenstr. 40
Kartenhotline Tel. 962 42 41
H Wiener Platz
Die spektakuläre Fabrikhalle gegenüber vom E-Werk bietet fast 5000 Besuchern Events im Großformat: das Angebot reicht von Lenny Kravitz bis Guildo Horn.

Sartory-Säle (C 5)

Friesenstr. 44
H Friesenplatz
Während der ›Fünften Jahreszeit‹ finden in glanzvollem Rahmen die Sitzungen und Bälle der großen Karnevalsgesellschaften statt.

Tanzbrunnen (G 4)

Rheinparkweg 1
H Bf Messe Deutz
Die kühn geschwungenen Zeltdächer am Rheinufer sind im Sommer beliebter Treffpunkt bei Open-Air-Konzerten und bei ›Linus' Talentprobe‹. Hoffnungsfrohe Amateursänger werden hier einem gnadenlosen Publikum ausgeliefert.

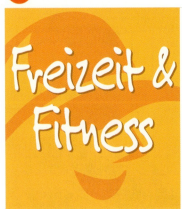

Sportliches

Drachen steigen lassen (G 8)

Im Frühjahr und Herbst sind die Poller Wiesen am rechten Rheinufer zwischen Severins- und Südbrücke der Treff aller Drachenfreunde.

Eislaufen
Eis- und Schwimmstadion (F 1)

Lentstr. 30
Sept. bis März tgl. 11–16 Uhr, zusätzlich Di–Do und So 19–21, Sa 20–22 Uhr
H Reichensperger Platz
Eishalle und Eislauffreifläche, Di und Sa mit Disko.

Eishockey
Kölnarena (H 5)

Willy-Brandt-Platz, Deutz
Infoline Tel. 27 95-0
Kartenservice Tel. 28 01
H Bf Deutz/Messe
In der supermodernen Megahalle kommen die Kölner Haie ganz groß raus. Trainiert wird gleich nebenan in der Gummersbacher Str. 4, Information Tel. 27 95-0.

Fußball

Der **1. FC Köln** spielt im Müngersdorfer Stadion an der Aachener Straße. Trainiert wird im 1. FC Sportpark Militärring/Berrenrather Str., Information Tel. 943 64 30.
Fortuna Köln muss mit dem kleineren Stadion Süd an der Vorgebirgsstraße vorliebnehmen. Information Tel. 36 20 46.

Pferdesport
Pferderennbahn (außerhalb)

Scheibenstr./Rennbahnstr.
Tel. 974 50 50
H Scheibenstr.
Zwischen März und November finden an etwa 30 Renntagen 230 Galopp- und Trabrennen statt.

Radsport
Albert-Richter-Bahn (außerh.)

Aachener Str., Müngersdorf
H Stadion
Von Mai bis Sept. geht es rund im Radstadion. Dreimal im Sommer lädt die ›FreitagNacht‹ zu Rundenrekorden und heißer Musik (Termine s. Tagespresse, Tel. 94 97 61 10).
Über **Straßenrennen** in und um Köln informiert die Tagespresse.

Schwimmen
Agrippabad (D 6/7)

Kämmergasse 1
Erwachsene ab 8 DM, Jugendliche ab 5 DM Eintritt
Attraktives Hallenbad im Zentrum. Sprungturm, Rutsche, mehrere Becken, Wellnessbereich, Gastronomie.

Aqualand (außerhalb)

Merianstr. 1/Neusser Landstr.
Köln Chorweiler
Tgl. 9.30–23 Uhr, Fr, Sa bis 24 Uhr; Tageskarte 25 DM
Spaßbad mit allen Schikanen für Groß und Klein.

Claudius Therme (H 3)

Sachsenbergstr. 1
Tgl. 9–23 Uhr; Tageskarte DM 42
Bus Nr. 150 ab Bf Deutz/Messe

Architektonisch ansprechende Badelandschaft im Rheinpark mit Innen- und Außenbecken, Whirlpools, unterschiedlichen Saunen und Dampfbädern, medizinischen Massagen, Ruheräumen und Liegewiese. Ein Restaurant bietet Erfrischungen und leichte Küche (kein Spaßbad!).

Freibad Müngersdorfer Stadion (außerhalb)
Aachener Str.
H Stadion
Große Sportanlage mit mehreren Schwimmbecken und Sprungturm.

Fühlinger See (außerhalb)
Neusser Landstr.
Seeberg-Fühlingen
Große Erholungsanlage an ehemaligen Baggerseen im Kölner Norden, öffentlicher Surfbereich, Schwimmbad und Regattabahn.

Mediterana (außerhalb)
Saaler Mühle 1, Berg. Gladbach
Tgl. 9–23 Uhr; Tageskarte 38 DM
Erlebnis- und Wellnessbad im andalusisch-maurischen Stil mit Gastronomie.

Mauritius Center (C 6)
Mauritiuskirchplatz 3–7
Tgl. 9–24 Uhr; Tageskarte 37 DM
H Mauritiuskirche
Wellness-Paradies mit Thalasso-, Beauty-, Fitness-, Sauna- und Massageangeboten, Innen- und Außenpools, großzügigen Ruhezonen, Restaurant, Bar und Bistro.

Köln mit Kindern

Über Veranstaltungen und Führungen für Kinder und Jugendliche informieren die Tagespresse, das Stadtmagazin für Familien in

Köln ›Känguru‹ sowie das **Aektschen-Telefon** der Stadt, Tel. 221-255 55.

Im folgenden einige Vorschläge, die nicht nur Kindern Spaß machen.

Museen
Im Schokoladenmuseum, Deutschen Sport- und Olympiamuseum und Völkerkunde-Museum wird es auch Kindern nicht langweilig. Der Museumsdienst Köln organisiert Museumsführungen und Workshops für Kinder, Tel. 221-240 77.

Phantasialand (außerhalb)
Berggeiststr. 31–41, 50321 Brühl
Tel. 022 32/362 00
April bis Okt. 9–18 Uhr, während der Sommerferien in NRW bis 21 Uhr; Tageskarte 38 DM, frei für Kinder bis 1,20 m.
Straßenbahnlinie oder DB bis Brühl Mitte, weiter mit Bus 705/ 985. A 553 bis Brühl Süd und weiter über die B 51
Einer der größten Freizeitparks Europas mit 17 atemberaubenden Fahrattraktionen, faszinierenden Live- und Elektronikshows und Themenrestaurants.

Zoo Köln und Aquarium (G 1)
Riehler Str. 173
Tel. 778 51 22, tgl. 9–18 Uhr; Eintritt 16 DM, Kinder 7,50 DM
H Zoo/Flora
Ca. 500 Tierarten und 5000 Einzelexemplare aus aller Welt. Publikumsmagnet sind Tropen- und Affenhaus sowie der Pavianfelsen. Im Aquarium neben zahlreichen Fischarten auch Amphibien, Insekten und Spinnentiere. Im August gibt die Sommer-Nacht Gelegenheit, die Tiere zu ungewöhnlicher Zeit zu besuchen.

Stadtteile

Neben der verwaltungstechnischen Einteilung in neun Bezirke und 85 Stadtteile gliedert sich Köln in zahlreiche Viertel, die entweder den alten Pfarreien entsprechen oder die ehemals eigenständigen Ortschaften am Stadtrand umfassen. Den Urkölner verbindet gewöhnlich eine enge Beziehung zu seinem Viertel. Ob gebürtiger oder ›imitierter‹ Kölner (Imi) – aus seinem Veedel zieht man nur schweren Herzens weg.

Altstadt/Martinsviertel (Nebenkarte)

Die Altstadt zwischen Rheingarten und Rathaus mit urigen Kneipen, Diskos, Travestieshows, Jazzlokalen und Flohmärkten ist das bekannteste Viertel Kölns. Es entstand im 10. Jh. durch Eingliederung der ehemaligen Rheininsel ins Stadtgebiet. Das mittelalterliche Kaufmanns- und Handwerkerviertel rund um Groß St. Martin begründete Kölns Ruhm als Handelsmetropole. Beim Wiederaufbau nach dem Krieg versuchte man, seinen mittelalterlichen Charakter mit engen Gassen und schmalen Parzellen beizubehalten.

Moderner Kontrast zur Gotik: das Museum Ludwig

City (C/E 5/6)

Als City wird der Bereich zwischen Hohe Straße und Rudolfplatz, zwischen Zeughaus- und Cäcilienstraße bezeichnet. Hohe Straße und Schildergasse bilden die zentrale Fußgängerzone mit den großen Warenhäusern und Boutiquen. Tagsüber drängeln sich hier die Kauflustigen, Schaufensterbummler und Straßenmusikanten. Aber am Abend kehrt Ruhe ein, selbst die Kneipen schließen in der Regel bei Ladenschluss.

Eigelstein (D/E 3/4)

Das Viertel rund um die namengebende mittelalterliche Torburg zählte immer zu den lebendigsten der Stadt. Im Umkreis von nur wenigen Metern vermischen sich urkölsche Lebensart mit mediterranem und orientalischem Flair. In der Weidengasse gibt es die besten Kebab-Buden und türkischen Restaurants, italienische Obstläden und Cafés, kölsche Wirtschaften, Trödel- und Gebrauchtwarenläden. Verwinkelte Hinterhöfe und der enge Stavenhof – einst Heimat des Rotlichtmilieus – sind beliebte Filmkulisse.

Friesenviertel (C 4/5)

Unter der Regie des Gerling-Konzerns, der in den 50er und 60er Jahren seine monumentale Führungszentrale am Klapperhof errichtete, wurde das Altkölner Milieuviertel in den letzten Jahren aufwendig saniert. Für den Konzern erbaut der Stararchitekt Norman Foster am Friesenplatz das Ring-Karree mit Geschäften, Wohnungen und Büros auf 17 Stockwerken. Restaurants, Szenekneipen und Bars locken allabendlich die Nachtschwärmer an.

Severinsviertel (E/F 7/9)

Das ›Vringsveedel‹ wurde nach Severin, dem dritten Bischof der Stadt, benannt. Seine pulsierende Lebensader ist die Severinstraße. Sie durchzieht das Viertel von Nord nach Süd und ist eine der wichtigsten Einkaufsmeilen außerhalb der City. Nach umfassender Sanierung in den 1970er und 1980er Jahren entdeckte die Künstler- und Alternativszene das ehemalige Arbeiterviertel (Extra-Tour 5, s. S. 92).

Neustadt (F 2/3 bis F 9/10)

Nach dem Abriss der mittelalterlichen Stadtbefestigung entstand ab 1881 auf dem vormaligen Schussfeld vor der Mauer nach Plänen von Hermann Josef Stübben die sogenannte Neustadt. Von Nord nach Süd gliedert sie sich in Agnesviertel, Belgisches Viertel, Univiertel und Südstadt. Der Stern der **Südstadt** mit den zahlreichen Kneipen leuchtet nicht mehr so hell am Kölner Nachthimmel. Die Szene hat nun das **Belgische Viertel** entdeckt. Das **Univiertel**, nach dem großen Pariser Vorbild ›Kwartier Latäng‹ genannt, erfreut sich bei Nachtschwärmern nach wie vor großer Beliebtheit. Etwas

gesetzter geht es im **Agnesviertel** zu. Lehrer und Rechtsanwälte bevorzugen das nahezu intakte Gründerzeitviertel.

Deutz (F/H 2/8)

Erst 1888 gelingt es Köln, das unabhängige Deutz ins Stadtgebiet einzugliedern. Die viel geschmähte ›schäl Sick‹, also die schielende oder verkehrte Seite, hat nicht zuletzt durch die Kölnarena enorm an Attraktivität gewonnen.

Veedel (außerhalb)

Erst ein gutes Jahrhundert gehören die Viertel außerhalb der Inneren Kanalstraße zum Stadtgebiet. Die ehemaligen Arbeitervororte **Nippes** und **Ehrenfeld** sind urkölsche Viertel mit multikulturellem Flair. **Lindenthal** präsentiert sich mit Universität, Universitätskliniken und vielen Grünflächen als teures, gutbürgerliches Wohngebiet. **Sülz** und **Klettenberg** sind heute beliebte Wohnviertel mit lebendiger Gastronomieszene und vielfältigen Einkaufsmöglichkeiten, **Marienburg** und **Hahnwald** die Villenviertel im Kölner Süden in Rheinnähe.

Bauwerke, Straßen & Plätze

Alter Markt (Nebenkarte)
H Heumarkt

Der Alter Markt, wie auch der Heumarkt, entstand erst im 10. Jh. durch Aufschüttung eines Rheinarms. Beide Plätze waren die wichtigsten Marktflächen im mittelalterlichen Köln. Der Platz mit dem Ratsturm (s. S. 72) bildet den stimmungsvollen Rahmen für viele Märkte und Feste. Bundesweit kommt er alljährlich zur Karnevalseröffnung in die Medien. Im einzig wirklichen historischen Gebäude am Platz, dem Doppelhaus ›Zur Brezel/Zum Dorn‹, bewirtet heute die Privatbrauerei Gaffel ihre Gäste. In der Platzmitte erinnert der Jan-von-Werth-Brunnen an den ruhmreichen Reitergeneral im Dreißigjährigen Krieg.

Bastei (F 3)

Konrad-Adenauer-Ufer 80
H Ebertplatz
Über einem Befestigungsturm aus preußischer Zeit errichtete Wilhelm Riphahn 1924–27 die Bastei. Das rundum verglaste Panoramarestaurant (z. Zt. geschlossen) mit seiner zum Rhein hin 8 m auskragenden Stahlkonstruktion gehört zu den wenigen expressionistischen Bauten in Köln.

Bayenturm (F 8)

Am Bayenturm
H Ubierring
Die südöstliche Eckbastion (um 1220) der romanischen Stadt- und Rheinmauer (s. S. 73) galt nach dem Sieg der Kölner über den Erzbischof als Symbol der Bürgerfreiheit. Seit der Restaurierung 1994 hat das Feministische Archiv und Dokumentationszentrum hier seinen Sitz (Extra-Tour 3, s. S. 88).

Dischhaus (D 5)

Brückenstr./Ecke Herzogstr.
H Appellhofplatz
Wie ein Schiffsbug schiebt sich das markante Beispiel sachlicher 20er-Jahre-Architektur in die Straßenkreuzung. Bruno Paul akzentuierte den Bau von 1928–30 durch horizontal durchlaufende Fenster- und Brüstungsbänder. Innen faszinieren eine dynamisch gewundene Treppenspirale und der noch funktionierende Paternoster.

Eigelsteintorburg (E 3)

Am Eigelstein
H Ebertplatz
Das nördliche Haupttor der mittelalterlichen Stadtmauer (s. S. 73) zeigt stadteinwärts die überlebensgroße Figur des *Kölschen Boor*. Der Bauer symbolisierte im Mittelalter die städtische Freiheit; keine andere Reichsstadt hatte so viele Höfe innerhalb ihrer Mauern. Heute beherbergt das Stadttor die Offene Jazz-Haus-Schule.

Gürzenich (Nebenkarte)

Martinstr. 29–31
H Heumarkt
Kölns ›gute Stube‹ wurde mit Zinnenkranz, Eckwarten und reicher Fenstergliederung am Obergeschoss im Stil eines gotischen Patrizierhauses errichtet (1441–47). Des ›Rathes Tanzhaus‹ gilt als bedeutendster Profanbau des 15. Jh. im deutschen Reich. Es wurde später als Warenhaus, erst ab dem 19. Jh. wieder als Festsaal genutzt. Nach umfassender Sanierung im Jahr 1997 beherbergt das Gebäude heute modern ausgestattete Konferenz- und Festsäle. Die große Fensterfront im Treppenhaus gibt den Blick frei in die Kirchenruine von St. Alban.

Hahnentorburg (C 6)

Rudolfplatz
H Rudolfplatz
Nach Westen gerichtet ist das große Doppelturmtor (1235–um 1240), das letzte der staufischen Stadtbefestigung (s. S. 73). Von Westen kamen die Könige und Kaiser durch das Tor, wenn sie nach ihrer Krönung in Aachen zu den Heiligen Drei Königen wallfahrteten. 1794 zogen dann auch die Franzosen durch das bedeutende Kaisertor in die Stadt – und verließen sie nach 20 Jahren Be-

setzung auf dem gleichen Weg. Heute residiert die Karnevalsgesellschaft Ehrengarde im imposanten Bau (Extra-Tour 3, s. S. 88).

Hansahochhaus (D 3)
Hansaring 97
H Hansaring
65 m ragen die 17 Geschosse auf; nach seiner Fertigstellung 1924/25 war der kubische Stahlbetonskelettbau mit Backsteinverkleidung kurzfristig das höchste Haus Europas. Diesen Superlativ ersetzt nun ein anderer: Nirgendwo auf dem Kontinent gibt es eine größere Auswahl an Musikkonserven als bei Saturn (Extra-Tour 4, s. S. 90).

Hauptbahnhof (E 4/5)
H Dom/Hbf
Vom Gründerzeitbau (1892–94) ist nur die denkmalgeschützte, 255 m lange Perronhalle erhalten. Ihre filigrane Glas-Eisen-Konstruktion greifen die modernen gläsernen Vorhallen auf. Ebenfalls verglaste, hohe Eingangshalle aus der Nachkriegszeit (1955–57). Im Bauch des Bahnhofs liegt ein Gastronomie- und Shoppingcentrum.

Haus 4711 (D 5)
Glockengasse 4711
H Appellhofplatz
Nicht nur das über die Grenzen hinaus bekannte ›Eau de Cologne‹, auch das Stammhaus verdankt seinen Namen den Franzosen: 1796 numerierten sie alle Häuser durch und kreierten damit den Markennamen 4711. Sehenswert: die neogotische Fassade und das umlaufende Glockenspiel mit Figuren (stündl.); über dem Verkaufsraum die Exponate aus der 200-jährigen Firmengeschichte.

Heinzelmännchenbrunnen (Nebenkarte)
Am Hof
H Dom/Hbf

Über sieben Brücken sollst du gehn

Erstaunlich, dass die Handelsmetropole am Rhein nach dem Bau des ersten römischen Übergangs mehr als 1500 Jahre lang keinen einzigen Brückenschlag zum rechten Ufer wagte – so sehr fürchtete man die ›schäl Sick‹. Heute wäre das Stadtpanorama ohne seine sieben Verbindungswege kaum denkbar. Rheinabwärts folgen aufeinander: Rodenkirchener Brücke, Südbrücke, Severinsbrücke, Deutzer Brücke, Hohenzollernbrücke, Zoobrücke und Mülheimer Brücke. In den Blickpunkt rücken sie im September beim Kölner Brückenlauf. Die älteste ist die Hohenzollernbrücke, deren drei Bogen nachts z. T. illuminiert werden. Als eigenwilligste Konstruktion präsentiert sich die Severinsbrücke. Ihr A-förmig aufragender Pylon macht sie seit 1959 zu einem weiteren Wahrzeichen Kölns.

Seit 1899 setzt der Brunnen in Szene, wie *dolce vita* am Rhein hätte aussehen können. Die seitlichen Reliefs zeigen die Männlein, die heimlich alle Arbeiten für die Kölner Handwerker erledigten. Und wäre nicht die neugierige Schneidersfrau gewesen, die ihnen auflauerte und sie somit vertrieb, ja dann ... wäre aus dem Gedicht des Schlesiers August Kopisch vielleicht Wirklichkeit geworden.

Heumarkt (Nebenkarte)
H Heumarkt
Kaum vorstellbar, dass der Platz im Mittelalter mit dem Markusplatz in Venedig konkurrieren konnte. Zweifelsfrei eine hohe Herausforderung für die Stadtplaner bei der anstehenden Neugestaltung. Die Auffahrten zur Deutzer Brücke (1911–13) zerstörten die Geschlossenheit des Platzes. Die Bebauung auf der nördlichen Hälfte versucht die ursprüngliche Gestaltung nachzuempfinden, doch nur das Eckhaus ›Zum St. Peter‹ und die Brauereigaststätte Päffgen sind alte Bausubstanz. Die kleinere südliche Platzhälfte dominiert die Fassade des Hotels Maritim. Aus der Preußenzeit stammt das Reiterdenkmal von König Friedrich Wilhelm III.

Hohe Straße (Nebenkarte)
H Dom/Hbf
Schon zur Römerzeit war der *Cardo Maximus* die wichtigste Straße der *Colonia*. Sie führte vom Südzum Nordtor und weiter bis nach Xanten. Hochwassersicher oberhalb des Ufers angelegt, trägt sie ihren Namen zu Recht. Mitte des 19. Jh. entwickelt sie sich zur vornehmen Geschäftsstraße mit Ladenpassagen und Cafés. Heute bildet sie zusammen mit der Schildergasse (s. S. 73) die längste Fußgängerzone und Konsummeile Kölns.

Kölnarena (H 5)
Deutz-Kalker Str.
H Bf Deutz/Messe
Mit ihrem 65 m hohen Stahlbügel, der ihr im Volksmund den Namen ›Henkelmännchen‹ eingetragen hat, ist die größte Veranstaltungshalle Deutschlands das neue Wahrzeichen auf der ›schäl Sick‹. Der transparente Bau des Architekturbüros Böhm bietet 18000 Zuschauern Platz bei Sportereignissen, Konzerten und im Karneval.

Mediapark (C 3/4)
Maybachstr.
H Christophstr.
Mit dem Mediapark auf dem Gelände des ehemaligen Güterbahnhofs Gereon untermauert Köln seinen Rang als Medienstadt. Der ca. 150 m hohe Köln-Turm von Jean Nouvel ist sein weithin sichtbares Wahrzeichen. Längst Bestandteil im Unterhaltungsangebot der Stadt ist der Cinedom – ein Multiplex-Kino mit über 4000 Plätzen in 14 Sälen. Aber auch das Kommunikations- und Medienzentrum (KOMED), die Medienbibliothek und die SK Stiftung Kultur, das Literaturhaus sowie die Studios von Viva, WDR Eins live, Radio Köln und Onyx füllen den Namen des neuen Stadtviertels mit Inhalt (Extra-Tour 4, s. S. 90).

Messebauten (F/H 4)
Deutzer Rheinufer
H Bf Deutz/Messe
Der umstrittene Erstbau (1922–24) wurde zur Ausstellung Pressa 1928 mit Backstein ummantelt. Gleichzeitig erweiterte der Architekt Adolf Abel den Komplex um den halbrunden Staatenbau und den

Transparente Architektur für spektakuläre Events: die Kölnarena

85 m hohen Messeturm, der zum langgestreckten Messebau den vertikalen Akzent an der Rheinfront setzt. Ab 1942 zu einem Außenlager des KZ Buchenwald umfunktioniert: Von hier wurden die Juden Kölns in den Osten deportiert. In der Nachkriegszeit sukzessive Erweiterung auf insgesamt 14 Hallen.

Neumarkt (D 6)
H Neumarkt
Der verkehrsumtoste Platz ist städtebaulich eher ein Schandfleck, dennoch schlägt hier das Herz der City. 1076 erstmals erwähnt, diente er zunächst als Viehmarkt. Als Zeichen der Revolution errichteten die Franzosen 1794 den Freiheitsbaum, und nach 1815 exerzierten hier fleißig die Preußen. Heutzutage alle Arten von Veranstaltungen im Zelt und unter freiem Himmel, z. B. Weihnachts-, Trödelmarkt, Bücherherbst, Popkomm, Karneval, Beach-Volleyball-Turnier u. v. m. Rundherum liegen attraktive Einkaufsstraßen und -passagen.

Oper/Schauspielhaus (D 5/6)
Offenbachplatz
H Appellhofplatz
Anstelle der 1938 zerstörten Synagoge errichtetes Gebäudeensemble von Wilhelm Riphahn (1954–57). Sein architektonisches Hauptwerk gliederte er in fast monumentale Baukörper. Gelungene Innengestaltung in typisch schlichter Eleganz der 50er Jahre. Den Anbau des Schauspielhauses (1960–62) gestaltete Riphahn ebenfalls im strengen Stil des Neuen Bauens.

Overstolzenhaus (E 6)
Rheingasse 8
H Heumarkt
Das Stammhaus der Kaufmannsfamilie von Overstolz ist das besterhaltene romanische Patrizierhaus Deutschlands. Es wurde 1225–30 mit reich gegliederter Fassade und Treppengiebel errichtet. Der Festsaal im Obergeschoss mit dem einzigartigen Wandgemälde ist nicht zu besichtigen, denn das Haus beherbergt zur Zeit die Kunsthochschule für Medien.

Rathaus (Nebenkarte)

H Heumarkt

Ratsturm und Renaissancelaube sind die fotogensten Teile des Kölner Rathauses. Der 61 m hohe *Ratsturm* (1407–14), das Hochhaus des Mittelalters, demonstrierte den Sieg der Zünfte über die Patrizierherrschaft. Seit der Restaurierung schmücken ihn wieder 124 Skulpturen, die mit der Geschichte Kölns verbunden sind: vom Feldherrn Agrippa bis Konrad Adenauer, von Erzbischof Hildebold bis Kardinal Frings, von Dombaumeister Gerhard bis Heinrich Böll. Immerhin wurden auch 18 Frauengestalten in dem Figurenprogramm verwirklicht. Mitte des 16. Jh. verschönerte man die Bauten durch die *Rathauslaube* im Stil der Renaissance. Von hier verkündete der Rat seine Beschlüsse. Dahinter liegt der älteste erhaltene Teil des Rathauses, der *Hansasaal* (1360) mit sehenswerten Holzskulpturen aus dem 14./15. Jh.

Doch die Geschichte des Kölner Rathauses reicht weiter zurück. Bereits die Römer regierten von hier aus Stadt und Land. Die Fundamente des *Praetoriums,* Sitz des römischen Statthalters, können im Kellergeschoss des Spanischen Baus (Eingang Kleine Budengasse) besichtigt werden. Eine Glaspyramide auf dem Rathausplatz überdacht die *Mikwe* (1170), das alte jüdische Bad für rituelle Reinigung. Im frühen Mittelalter war das umliegende Areal den Juden zur Besiedlung überlassen worden.

Ringstraße (F 8 bis F 3)

H Ubierring bis Ebertplatz

Im Halbkreis umschließt der ›Ring‹ die Innenstadt und folgt damit dem Verlauf der 1881 abgerissenen Stadtmauer. Die Namen der einzelnen Teilabschnitte zeichnen Kölns Geschichte nach. Der ehemalige Prachtboulevard des 19. Jh. zeigt seit der Nachkriegszeit

Langer Samstag in der City: die Fußgängerzone der Schildergasse mit großen Kaufhäusern und Boutiquen

das Gesicht einer modernen Geschäftsmeile (Extra-Tour 3, s. S. 88).

Römerturm (C 5)

Zeughausstr. 13
H Friesenplatz
Der Rundturm (um 50 n. Chr.) an der Nordwestecke der Römermauer (s. Stadtmauer) ist das besterhaltene Relikt der ersten Stadtumwehrung. Sein interessant gestaltetes Ziegelmauerwerk tarnte im Mittelalter die Latrine des Klarenklosters. Ende des 19. Jh. wurde der Zinnenkranz ergänzt und das Haus des damaligen Dombaumeisters angegliedert.

Römisches Nordtor (Nebenkarte)

Domplatte/Trankgasse
H Dom/Hbf
Nördliches, einst türmeflankiertes Haupttor der Römermauer (s. u.). Von den drei Durchgängen des einst 15 m breiten Torbaus ist die rechte Fußgängerpforte erhalten. Der Rest vom mittleren Torbogen trägt den Namen der Stadt CCAA (*Colonia Claudia Ara Agrippinensium*); heute im Römisch-Germanischen Museum zu sehen (s. S. 78).

Roncalliplatz (Nebenkarte)

H Dom/Hbf
Südliche Domplatte, nach dem bürgerlichen Namen von Papst Johannes XXIII. benannt. Mehrfarbiges Granitpflaster zeichnet das schachbrettförmige römische Straßennetz und Häusergrundrisse nach. Im Mittelalter Standort von Kaiserpfalz und erzbischöflichem Palast. Nach Vollendung des Doms 1880 wurde die Randbebauung abgerissen, um das Meisterwerk besser bewundern zu können. Heute Treffpunkt von Kleinkünstlern, Inline-Skatern und Touristen aus aller Welt.

Schildergasse (D 6)

H Neumarkt
Ihr Name geht auf die Wappenschildermaler zurück, die hier schon 1452 ihr Zunfthaus hatten. Doch bereits in der römischen *Colonia* war die West-Ost-Achse mit dem Forum fast ebenso bedeutend wie die Hohe Straße (s. S. 70). Bis heute machen die großen Warenhäuser und Straßencafés sie zum Treffpunkt der Kauflustigen und Straßenmusiker.

Severinstorburg (E 9)

H Chlodwigplatz
Die 28 m hohe Torburg (um 1200) war der wichtigste Zugang im Süden der romanischen Stadtmauer. Markanter Blickfang am Ende der Severinstraße, der wichtigen Nord-Süd-Achse im Severinsviertel (Extra-Tour 5, s. S. 92).

Stadtmauer (F 8 bis F 3)

H Ubierring bis Ebertplatz
Kurz nach der Erhebung zur Stadt wurde die römische *Colonia*, ca. 1 km² groß, mit einer Befestigung umfriedet (um 50–70 n. Chr.). Von jener Mauer mit neun Toren und 21 Türmen im Karree sind einige Relikte erhalten: Römerturm (s. o.), Nordtor (s. o.), Lysolph- und Helenenturm sowie das Ubiermonument, der älteste römische Steinbau nördlich der Alpen. Nach Erweiterungen Mitte des 10. Jh. und 1106 wurde in der Stauferzeit eine neue mächtige, 7 m hohe Umwallung im Halbkreis um Köln errichtet (1180–1250).

Bis 1881 reichte der Platz innerhalb der Mauer, dann wurde sie geschleift und wich dem Ringboulevard (Extra-Tour 3, s. S. 88). Zur Erinnerung blieben stehen: Eigelsteintorburg (s. S. 68), Hahnentorburg (s. S. 68), Severinstorburg (s. S. 73); Gereonsmühlenturm, Ulre-

Vor der Größe des Doms: da gibt sich mancher geschlagen

pforte, Bottmühle (beide Extra-Tour 3, s. S. 88), Bayenturm (s. S. 68) und Weckschnapp (Extra-Tour 1, s. S. 84).

Tünnes und Schäl (Nebenkarte)

Brigittengässchen
H Heumarkt
Fast lebensgroß stehen sie da in Bronze – die Prototypen des Urkölners. Der kleine, dicke Tünnes (Anton) im Arbeitskittel als Einfalt vom Lande charakterisiert; der lange Schäl (von schielen) im Anzug mimt den gewieften Stadtkölner (Extra-Tour 2, s. S. 86).

Vier-Scheiben-Haus (D 5)

Neven-DuMont-Str./Kupfergasse
H Appellhofplatz
In der City prägt der Gebäudekomplex des WDR das Stadtbild (Extra-Tour 4, s. S. 90). Am elegantesten wirkt das Vier-Scheiben-Haus (1962–70), dessen Volumen geschickt auf vier vertikale Schmalriegel aufgeteilt wurde. Die hellen Architekturkörper ruhen auf dunklen Stützen; so erscheint der 165 m lange Bau geradezu ›leichtfüßig‹.

WDR-Arkaden (D 5)

Breite Str. 6
H Appellhofplatz
Seit 1996 ein Blickfang an der Nord-Süd-Fahrt. Nicht unumstrittener Bau in der für Gottfried Böhm typischen transparenten, vielgliedrigen Architektur. Platz für Intendanz, Studios, Presse u. ä. Im Erd- und Untergeschoss: Restaurants, Geschäfte, Postcenter (Extra-Tour 4, s. S. 90).

Zeughaus (D 5)

Zeughausstr. 1–2
H Appellhofplatz
Die ehemalige städtische Waffenkammer wurde 1594–1606 auf Resten der römischen Stadtmauer errichtet. Stufengiebel und ein aufwendiges Renaissanceportal mit Stadtwappen schmücken den Backsteinbau. Den achteckigen Treppenturm krönt das vieldiskutierte Flügelauto von HA Schult. Heute ist hier das Kölnische Stadtmuseum beherbergt (s. S. 77).

Kirchen

Dom (Nebenkarte)
Domkloster 4
H Dom/Hbf
Die ›Hohe Domkirche St. Peter und Maria‹, das weltweit bekannte Wahrzeichen Kölns, wurde 1996 ins Weltkulturerbe der UNESCO aufgenommen. Allein die gewaltigen Dimensionen würden dies rechtfertigen: 144,58 m Außenlänge, 86,25 m Gesamtbreite des Querhauses, über 157 m Turmhöhe und mit 7000 m^2 die weltgrößte Westfassade. Darüber hinaus gilt der Dom als Höhepunkt gotischer Kathedralbaukunst, der seine französischen Vorbilder noch übertrifft. Der Grundstein zum gotischen Meisterwerk wurde 1248 gelegt. Einige Vorläufer, von der ersten Bischofskirche 313 n. Chr. bis zum romanischen Alten Dom, gingen ihm voraus. Anlass für eine größere Pilgerkirche gaben die Reliquien der Heiligen Drei Könige – 1164 nach Köln überführt. Erst 1322 wurde der Chorneubau geweiht, der Weiterbau aus Geldmangel dann 1560 eingestellt. Dank der Fürsprache von König Friedrich Wilhelm IV. wurde der Dom 1842 weitergebaut und 1880 als preußisches Nationaldenkmal vollendet. Die seitdem fortwährende Restaurierung geht auch nach der 750-Jahr-Feier weiter, denn die imposante, überall mit Maßwerk und über 1200 Skulpturen dekorierte Architektur bedarf stetiger Erneuerung.

Hauptattraktion im Inneren ist der Dreikönigenschrein, der berühmteste und größte Reliquiensarkophag Europas (1181 bis um 1225). Ebenso faszinieren die wertvollen Glasgemäldezyklen im Chor (14. Jh.) und in den Seitenschiffen (16. Jh. und 19. Jh.). Ihre Größe (insgesamt ca. 10 000 m^2 Fensterfläche) und Farbbrillanz verleihen dem Innenraum seine ungeheure Wirkung. Weitere Ausstattungsstücke von höchster Qualität: Altar der Stadtpatrone (Kölner Malerschule, Stefan Lochner, um 1445), Gero-Kreuz (älteste erhaltene Großplastik des Mittelalters, um 976), Chorgestühl (größtes in Deutschland, 1308 bis 1311). Unbedingt sehenswert ist auch die Domschatzkammer mit Prunkmonstranz, Engelbertschrein und den Reliquien des Apostels Petrus (10–17 Uhr, Führungen Tel. 27 28 01 20, Domshop 10–17 Uhr). Toller Rundumblick vom Südturm (9–17 Uhr, im Winter bis zur Dämmerung; 509 Stufen, kein Lift!).

Romanische Kirchen
Von 1030 bis 1247 entstanden die berühmten zwölf romanischen Kirchen Kölns:

Groß St. Martin (Nebenkarte)
Am Rheingarten
H Heumarkt
Der mächtige Vierungsturm prägt neben dem Dom die Rheinfront der Altstadt.

St. Andreas (D 5)
Komödienstr.
H Dom/Hbf
Der Vierungsturm bildet einen markanten Blickpunkt in Domnähe. Westbau und Langhaus romanisch, spätgotischer Chor (15. Jh.). Grabstätte des Kirchengelehrten Albertus Magnus.

St. Aposteln (C 6)
Apostelnkloster 10
H Neumarkt
Den Neumarkt dominiert die Kirche mit Kleeblattchor und Vierungsturm (11.–13. Jh.). Imposanter Westturm, der ›Apostelklotz‹.

St. Cäcilien (D 6)

Cäcilienstr. 29
H Neumarkt
In der Pfeilerbasilika (12. Jh.) zeigt
das Schnütgen-Museum (s. S. 78)
seine Sammlung mittelalterlicher
Sakralkunst.

St. Georg (E 7)

Severinstr./Waidmarkt
H Severinstr.
Einzige Säulenbasilika im Rhein-
land (11. Jh.). Wuchtiger Westbau.

St. Gereon (C 4)

Gereonshof 4
H Christophstr.
Eine einzigartige Architekturleis-
tung des Mittelalters ist der ge-
waltige Zehneckbau mit Kuppel
(Anf. 13. Jh.). Ihre Ausmalung und
die farbintensiven Fenster schuf
Georg Meistermann (1980er Jahre).

St. Kunibert (E 4)

Kunibertskloster 6
H Dom/Hbf
Die jüngste der romanischen Kir-
chen (Weihe 1247) schmückt im
Chor ein original erhaltener Fens-
terzyklus von 1226.

St. Maria im Kapitol (E 6)

Kasinostr. 6
H Heumarkt
Auf dem römischen Kapitolshügel
errichtete Kirche (11. Jh.) mit einem Kleeblattchor, der Maßstäbe
setzte. Geschnitzte Holztür (11. Jh.).

St. Maria Lyskirchen (E 6)

An Lyskirchen 8
H Heumarkt
Kleinste romanische Kirche (11.
Jh.) mit qualitätvollen Gewölbe-
malereien aus dem 13. Jh.

St. Pantaleon (D 7)

Am Pantaleonsberg 6
H Barbarossaplatz

Der monumentale Westbau domi-
niert die ottonische Basilika (10.
Jh.), die heute noch vom einstigen
Klosterbezirk umschlossen ist.

St. Severin (E 8)

Severinskirchplatz
H Chlodwigplatz
Spätromanische und gotische Bau-
formen (13.–16. Jh.) verschmelzen
in dieser über christlichem Grä-
berfeld erbauten Kirche. Römische
und fränkische Ausgrabungen.

St. Ursula (D 4)

Ursulaplatz 30
H Breslauer Platz
Emporenbasilika (12. Jh.); Gol-
dene Kammer (1643) mit Reli-
quienbüsten und -knochen.

Museen

Deutsches Sport- und Olympiamuseum (F 7)

Rheinauhafen 1
Di–Fr 10–18, Sa/So 11–19 Uhr
H Heumarkt
200 Jahre Sportgeschichte in mul-
timedialer Präsentation und Ori-
ginalobjekten. Kunstrasenspielfeld
auf dem Dach für Jugendturniere,
Museumsshop, Cafeteria.

EL-DE-Haus (D 5)

Appellhofplatz 23–25
Di–Fr 10–16, Sa/So 11–16 Uhr
H Appellhofplatz
Nach den Initialen des damaligen
Bauherrn Leopold Dahmen benannt. NS-Dokumentationszentrum
mit Ausstellung ›Köln im National-
sozialismus‹. Im Keller das alte Ge-
stapo-Gefängnis mit Wandinschrif-
ten der gefolterten Häftlinge.

Erzbischöfliches Diözesan-museum (Nebenkarte)

Roncalliplatz 2

Kongeniales Ambiente für die Kunst: das Museum Ludwig

Fr–Mi 11–18 Uhr
H Dom/Hbf
Sakrale Kunst seit dem Frühmittelalter. Im Jahr 2003 zieht die Sammlung in einen Neubau, der die neue Kirche St. Kolumba, ihre restlichen Kriegsruinen und die römischen Ausgrabungen ummantelt.

Kölnisches Stadtmuseum (D 5)

Zeughausstr. 1–3
Di 10–20, Mi–So 10–17 Uhr, Führungen Sa 14.30, So 11.15 Uhr
H Appellhofplatz
Im einstigen Zeughaus (s. S. 74). Geschichte Kölns seit dem Mittelalter. Großes Modell, das die Stadt im 16. Jh. zeigt. Historische Großfigur des *Kölschen Buur* (Bauer). Auch Alltagskultur, z. B. Karneval, Kölsch, ›Eau de Cologne‹.

Museum für Angewandte Kunst (D/E 5)

An der Rechtschule 1
Di–So 11–17, Mi 11–20 Uhr, Führungen Mi 18, Sa/So 14.30 Uhr
H Dom/Hbf
Europäisches Kunsthandwerk seit dem Mittelalter: Design, Schmuck, Mode, Möbel, Glas, Keramik, Zinn.

Museum Ludwig (Nebenkarte)

Bischofsgartenstr. 1
Di 10–20, Mi–Fr 10–18, Sa/So 11–18 Uhr, Führungen Di 18, Mi 16.30, Sa/So 11.30 Uhr
H Dom/Hbf
Gebäudekomplex (1980–86) mit markanten Sheddächern für die von Peter und Irene Ludwig gestiftete Sammlung: Pop Art, Russische Avantgarde, demnächst Picasso-Sammlung. Expressionismus, Surrealismus, Gegenwartskunst.

Museum für Ostasiatische Kunst (A 6)

Universitätsstr. 100
Di–So 11–17, Do 11–20 Uhr, Führung So 12 Uhr
H Aachener Str./Innere Kanalstr.
Größte Sammlung japanischer, chinesischer und koreanischer Kunst in Deutschland. Zen-Garten. Cafeteria mit Blick auf Aachener Weiher.

Tourismus Card

Sie bietet für 30 DM Infomaterial, eine Stadtrundfahrt, an 3 Tagen freien Eintritt in städtischen, Ermäßigung in privaten Museen, im Zoo, im Phantasialand, bei Schiffstouren u. ä. Dazu gibt es einen Tagesfreifahrtschein der KVB. Erhältlich ist die KölnTourismus Card beim Tourismus Office und in vielen Hotels.

Rautenstrauch-Joest-Museum für Völkerkunde (F 8)

Ubierring 45
Di–Fr 10–16, Sa/So 11–16 Uhr,
Führung So 14.30 Uhr
H Ubierring
1899 von Adele Rautenstrauch aus dem Nachlass ihres Bruders Wilhelm Joest gestiftete Sammlung. Hochkulturen Mittel- und Südamerikas, Südsee, Südostasien, Indianerkulturen, Afrika, Ägypten.

Römisch-Germanisches Museum (Nebenkarte)

Roncalliplatz 4
Di–So 10–17 Uhr, Führung So 11.30 Uhr
H Dom/Hbf
Über der Fundstelle des römischen, 75 m² großen Dionysos-Mosaiks (2. Hälfte 3. Jh.) errichtet. Direkt daneben das Monumentalgrab des Poblicius von 15 m Höhe. Weltweit größte Sammlung römischer Prunkgläser – wertvollstes Exponat: das Diatretglas. Römische Kunst und Alltagsobjekte. Rheinische Funde von der Urgeschichte bis zum frühen Mittelalter.

Schnütgen-Museum (D 6)

Cäcilienstr. 29
Di–Fr 10–17, Sa/So 11–17 Uhr, jeden 1. Mi im Monat 10–20 Uhr, Führungen Mi 14.30, So 11 Uhr
H Neumarkt
Die 1956 wiedererrichtete romanische Pfeilerbasilika bietet den kongenialen Rahmen für die wertvolle Sammlung mittelalterlicher Sakralkunst, die von Alexander Schnütgen 1906 gestiftet wurde. Skulpturen, Goldschmiedearbeiten, Elfenbeinschnitzereien.

Schokoladenmuseum Imhoff-Stollwerck (F 6/7)

Rheinauhafen
Di–Fr 10–18, Sa/So/Fei 11–19 Uhr
H Heumarkt
Auf der Rheinhalbinsel ist das Museum in Schiffsgestalt die absolute Publikumsattraktion, realisiert vom Schokofabrikanten Imhoff. Von der Kakaobohne bis zur fertigen Praline. Tropenhaus, Firmengeschichte, Automaten, Werbung von einst bis heute. Stets umlagerter Schokobrunnen und Museumsshop.

Wallraf-Richartz-Museum (Nebenkarte)

Obenmarspforten/Ecke Quatermarkt
Di 10–20, Mi–Fr 10–18, Sa/So 11–18 Uhr, Führungen vom Museumsdienst, Tel. 221-234 68
H Dom/Hbf
Seit Januar 2001 im weißen Kubus-Bau von Oswald Mathias Ungers am Rathausplatz. Grundstock der Sammlung von Ferdinand Franz Wallraf. Meisterwerke europäischer Kunst: mittelalterliche Kölner Malerschule; flämische, holländische Gemälde (17. Jh.); französische, italienische, spanische Malerei (16.–18. Jh.); deutsche Romantik; französischer Realismus und Impressionismus; Skulpturen; Druckgraphik.

Parks & Friedhöfe

Flora und Botanischer Garten (F 1)
Amsterdamer Str. 34
8 Uhr bis zur Dämmerung
H Zoo/Flora
In der Flora von 1864 sind ehemaliger Wintergarten und Blumenparterre der schönste Blickfang. Botanischer Garten (seit 1914) mit Gewächshäusern, verschiedenen Vegetationszonen, über 10 000 Pflanzen- und Baumarten.

Friedhof Melaten (außerh.)
H Aachener Str./Melaten
Der Name erinnert an die ›Maladen‹ (Kranken), die seit 1180 in die Leprosenanstalt außerhalb der Stadt verbannt waren. Später Hinrichtungsstätte. 1810 von den Franzosen als Zentralfriedhof eingerichtet. Aufwendige Grabstätten berühmter Kölner spiegeln anderthalb Jahrhunderte Stadtgeschichte wider.

Innerer und Äußerer Grüngürtel (außerhalb)
Eine 7 km lange Erholungszone umschließt die Innenstadt von der Zoobrücke bis zur Universität. 12 km lang erstrecken sich die Grünflächen am äußeren Stadtrand zwischen Müngersdorfer Stadion und Rodenkirchener Brücke im Süden. Freizeitspaß garantieren die Wiesen zum Liegen, Spielen und Grillen; Kahnweiher, Rodelberg, Spielplätze, Sportanlagen und Ausflugslokale.

Rheingarten (Nebenkarte)
H Dom/Hbf oder Heumarkt
Eine Freitreppe führt vom Museum Ludwig zur beliebten Grünanlage zwischen Altstadt und Rhein. Liegewiesen, Brunnenlandschaft von Eduardo Paolozzi zum Plantschen, Cafés, Restaurants; Anlegestellen für Bootsfahrten.

Rheinpark (G 3)
H Deutzer Freiheit
Über 500 000 m² große Parkanlage zwischen Deutzer Messe und Zoobrücke. 1957 und 1971 wurde das Erholungsgebiet zur Bundesgartenschau herausgeputzt. Open-Air-Konzerte am Tanzbrunnen, großer Spielplatz, Sessellift und Miniatureisenbahn. Mit der Rheinseilbahn kann man den Strom überqueren, anschließend Zoo, Flora oder Skulpturenpark besuchen.

Skulpturenpark (F/G 2)
Riehler Str./Zoobrücke
10.30–18 Uhr, Nov. bis Feb.
10.30–16.30 Uhr
H Zoo/Flora
Das Sammlerehepaar Stoffel stiftete 30 Plastiken zeitgenössischer Künstler. Alle zwei Jahre wird auf den 25 000 m² Grün ein neues Skulpturenarrangement installiert.

Stadtwald (außerhalb)
H Dürener Str./Gürtel
An den Äußeren Grüngürtel grenzender Park im Stadtteil Lindenthal. Schöne Spazierwege, Liegewiesen, Kahnweiher, Wildpark, Ponyreiten, Spielplatz, Café.

Volksgarten (C/D 8/9)
Volksgartenstr.
H Eifelplatz
1887–89 angelegt. Heute trifft sich hier das ›Volk‹, vornehmlich aus Südstadt und Univiertel, um im Bad der Menge genau das zu tun, was stolze Besitzer von englischem Rasen zu Hause machen: Grillen, Fuß-, Feder- und Volleyball spielen, die Conga-Trommeln quälen oder im Biergarten ein Kölsch süffeln.

Schloss Augustus-burg

Anfang des 18. Jh. errichtete Kurfürst Clemens August in Brühl sein Versailles. Höhepunkt der barocken Architektur ist das von Balthasar Neumann entworfene Treppenhaus, das an Sommerwochenenden den festlichen Rahmen für die Brühler Schlosskonzerte abgibt. Im Rahmen einer einstündigen Führung kann man das originale Mobiliar und die vollständig erhaltenen Wand- und Deckengemälde besichtigen (Feb. bis Nov. Di–So 9–12, 13.30–16 Uhr; Tel. 022 32/440 00). Der Schlosspark im französischen Stil steht Spaziergängern jederzeit offen. In der Orangerie bittet ein Gourmet-Restaurant zu Tisch.

🔄 Straßenbahnlinie 18 bis Brühl-Mitte oder DB Richtung Bonn bis Brühl.

Drachenfels

Vom ehemaligen Winzerort Königswinter aus erklimmen jährlich rund eine Million Besucher Deutschlands beliebtesten Berg.

Ganze 321 m sind bis zur Burgruine auf dem Gipfel zu überwinden. Bequem erreicht man mit der Zahnradbahn (Mai bis Sept. 9–20 Uhr, im Winter eingeschränkter Fahrplan, Dez. geschlossen) das Aussichtsrestaurant. Hier liegt einem das Rheintal zu Füßen. Auf halber Höhe kann die Drachenburg, ein neogotisches Möchtegern-Neuschwanstein, bewundert werden (April–Okt. Di–So 11–18 Uhr, letzte Führung 17.15 Uhr, Tel. 022 23/90 19 70). Dem Drachen widmen sich ein Terrarium und die Nibelungenhalle (Mitte März bis Mitte Nov. 10–18/19 Uhr).

🔄 März bis Okt. mehrmals tgl. Schiffs- und Zugverbindung zwischen Köln und Königswinter. A 59 Richtung Bonn/Königswinter.

Altenberger Dom

Im idyllischen Tal der Dhünn errichteten Zisterziensermönche zwischen 1259 und 1379 eine dreischiffige Basilika im gotischen Stil. Gemäß den strengen Ordensregeln ist die Kirche turmlos und ohne Skulpturenschmuck. Die schlichte Form unterstreicht das gotische Raumprogramm mit den hohen Fenstern. Das Westfenster ist mit 8 x 18 m das größte Kirchenfenster Nordeuropas. Heute wird das Gotteshaus von beiden Konfessionen genutzt. Überregionale Beachtung finden die Orgelkonzerte (Mai bis Okt. So 11.15 und 14.30, Do 20 Uhr). Wegen Sanierungsarbeiten sind Teile der Kirche u. U. nicht zugänglich (tgl. außer freitagvormittags 9–19 Uhr)

🔄 Ab Wiener Platz Bus 434 Richtung Odenthal. A 1 Richtung Dortmund bis Burscheid.

Kölns Versailles steht im Nachbarstädtchen Brühl: Schloss Augustusburg

Zons

›Rheinisches Rothenburg‹ nennen die heimischen Prospekte vollmundig die alte Zollfeste. Mit der vollständig erhaltenen Stadtmauer und den markanten Wehrtürmen ist sie das besterhaltene Beispiel einer Festungsstadt am Niederrhein. Im ehemaligen Herrenhaus der Burg Friedestrom informiert das Kreismuseum über die Kunst- und Kulturgeschichte des Rheinlands (Tel. 021 33/467 15). Im Sommer ist der idyllische Ort beliebtes Ausflugsziel. Eine Attraktion für Groß und Klein sind dann die Märchenspiele im ehemaligen Burghof (Tel. 021 33/446 53).

DB bis Dormagen, weiter mit dem Bus. A 57 bis Dormagen, dann Richtung Zons. Mit dem Fahrrad auf dem Rheindamm, ca. 25 km von Köln.

Braunkohle

Seit 1948 wurden im Kölner Westen weite Landstriche mit Dörfern, Schlössern und Gutshöfen dem Braunkohletageabbau geopfert.

Aus der Nähe kann man die surreale Kraterlandschaft der bis zu 320 m tiefen Gruben und die gigantischen Schaufelradbagger vom Aussichtspunkt Tagebau Hambach anschauen.

A 4 bis Kreuz Kerpen, weiter A 61 Richtung Mönchengladbach bis Abfahrt Bergheim/Elsdorf, dann B 55 Richtung Jülich.

Insel Hombroich

In der Auenlandschaft der Erft sind Kunst und Landschaft harmonisch miteinander verbunden. In elf Pavillons werden moderne Gemälde und Skulpturen präsentiert (Tel. 021 82/20 94; April–Sept. tgl. 10–19, Febr.–März und Okt. tgl. 10–18, Nov. tgl. 10–17 Uhr; Eintritt DM 20, Sa/So DM 25).

A 57 bis Neuss-Reuschenberg, dann der Beschilderung folgen.

Neumarkt – Im Mittelpunkt der City verführen belebte Einkaufs-straßen und moderne Shopping-malls zum Flanieren und Kaufen.

EXTRA-

Fünf Spaziergänge in Köln

1. Rhein auf, Rhein ab – Die Stadt und der Strom

2. Kölsch: getrunken und gesprochen – Brauhäuser und kölsche Originale in der Altstadt

Dom – Kölns Wahrzeichen, die zweitürmige gotische Kathedrale, hält zwischen Keller- und Turmgeschoß manche Überraschung bereit.

DUMONT EXTRA TOUR 1

Museum Ludwig/Röm.-Germ. Museum – Die beiden Sammlungen zeigen Fundstücke aus den frühen Tagen Kölns bis zu Pop-Art Werken.

Rathaus – Römisches Praetorium, mittelalterlicher Ratsturm, Renaissancelaube und Spanischer Bau im Stil der 50er Jahre – an dieser Stelle wird seit römischer Zeit regiert.

Schokoladenmuseum – Kölns süßester Versuchung widersteht niemand.

Touren

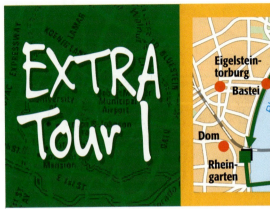

Rhein auf, Rhein ab –
Die Stadt und der Strom

Vor fast 2000 Jahren gaben sich Vater Rhein und Mutter Colonia das Ja-Wort. Schon in römischer Zeit war der Rhein wichtiger Transportweg, und im Mittelalter trug er entscheidend zum Aufstieg der Stadt bei. Wo heute die Ausflugsdampfer der Köln-Düsseldorfer festmachen, reihten sich früher die Anlegeplätze der Frachtschiffe. Und der **Rheingarten**, Kölns Schokoladenseite mit Freizeitwert, war betriebsames Hafenviertel.

Einen entscheidenden Wettbewerbsvorteil brachte den Kölner Kaufleuten von 1259 bis 1831 das Stapelrecht: Es gewährte ihnen ein Vorkaufsrecht auf alle Waren, die Köln passierten. Von den Lager- und Kaufhallen am Rheinufer ist einzig das ursprünglich spätgotische **Fischstapelhaus** mit dem seitlichen Treppenturm übriggeblieben, heute Domizil des Bundesverbands Bildender Künste.

Vor der malerischen Kulisse der bunten Giebelhäuser und des mächtigen Vierungsturms von Groß St. Martin locken am alten **Fischmarkt** zahlreiche Lokale mit dem Ausblick auf den Strom und das rege Treiben an seinen Ufern. Der Faszination des Wassers kann sich kaum jemand entziehen. Nur die Hochwassermarken an den Hausfassaden weisen darauf hin, dass der Fluss der Stadt und ihren Bewohnern hin und wieder auch übel mitspielt. Die Kanalisierung des Rheins und die Verbauung der Ufer bescherten den Kölnern 1993 und 1995 zwei Jahrhunderthochwasser innerhalb von nur 13 Monaten.

Wächter über den Wasserstand des Rheins ist der **Kölner Pegel** am Fuß der Deutzer Brücke: Bei normalerweise 3,55 m Mittelwasser ist die Welt in Ordnung; bei 10 m schwappt das Wasser trotz der mobilen Schutzwände in die Altstadt – zum Ärger der Anwohner immer wieder ein Spektakel für schaulustige Nichtbetroffene.

An die schlimmste aller Fluten im Jahr 1784 erinnert die Hochwassermarke über dem Portal von **St. Maria Lyskirchen.** Von der Südseite der Deutzer Brücke hat man einen guten Blick auf die kleine romanische Kirche. Sie war traditionell das Gotteshaus der Fischer und Rheinschiffer, die hier im Süden der Altstadt wohnten.

Vom ›Promenadendeck‹ des Schokoladenmuseums blickt der Besucher über den Rhein auf die ›schäl Sick‹

An der Einfahrt zum **Rheinauhafen** schiebt sich das Schokoladenmuseum (s. S. 78) wie ein Schiff in den Strom hinein. Zugang gewährt eine hydraulische Drehbrücke. Der Hafen, der heute nur noch von Freizeitkapitänen angesteuert wird, war Ende des 19. Jh. in einem Rheinarm angelegt worden. Im alten Hafengebiet soll in den nächsten Jahren ein innovativer Stadtteil entstehen, der exklusives Wohnen am Strom bietet.

Vom **Deutzer Rheinufer** (s. S. 67) lässt sich das Kölner Stadtpanorama am besten bewundern. Im Biergarten vor der Spiegelfassade des postmodernen **Hyatt Regency Hotels** (s. S. 26) kann man die Aussicht bei einem Kölsch und Imbiss im Freien genießen. Den begehrten Ausblick auf den Dom bieten nördlich des Messegeländes im Eingangsbereich des Rheinparks (s. S. 79) auch die **Rheinterrassen**; Inline-Skater und Spaziergänger legen hier gerne eine Verschnaufpause ein.

Obwohl unmittelbar am Fluss gelegen, sprudelt in der luxuriösen **Claudius Therme** (s. S. 64) kein Rheinwasser, sondern wohltemperiertes Heilwasser. Auch hier gibt es das Panorama als Extra-Bonbon.

Über die Stadtgrenzen hinaus bis ins Siebengebirge schweift der Blick aus den Gondeln der **Rheinseilbahn** (s. S. 16), in denen man gemächlich zurück ans linke Flussufer schwebt (April–Okt.).

An der Rheinpromenade zwischen Zoo und Dom bildet die **Bastei** (s. S. 68) einen markanten Blickfang. Eingeklemmt zwischen modernen Bauten steht an der Uferfront ein Überbleibsel der trutzigen mittelalterlichen Kunibertsturburg, der **Weckschnapp.** Der Name erinnert an einen Turm der alten Stadtbefestigung, der als schauerliches Gefängnis gedient haben soll. Wenn die hungernden Delinquenten nach einem von der Decke baumelnden Laib Brot, einem Wecken, schnappten, traten sie unweigerlich auf eine Falltür und stürzten durch einen mit Klingen gespickten Schacht direkt in den Rhein.

Plagen den Kölnbesucher am Ende des Rundgangs Hunger und Durst, so kann er vollkommen ungefährdet eine der vielen Kneipen am Rheingarten aufsuchen.

Dom

Museum Ludwig/
Philharmonie

Früh
am Dom

Rathaus

Rhein

Heumarkt

Brauhaus zur
Malzmühle

Kölsch: getrunken und gesprochen – Brauhäuser und kölsche Originale in der Altstadt

Kölsch ist außer ›Eau de Cologne‹ wohl das bekannteste Wässerchen aus der Domstadt. Das helle, blanke Obergärige darf sich aber nur Kölsch nennen, wenn es nach dem deutschen Reinheitsgebot von 1516 und hier in der Region gebraut wurde. So heißt es in der ›Kölsch-Konvention‹ von 1986, die alle 24 Brauereien aus Köln und Umgebung unterzeichneten. Dieser Vielfalt an Sorten verdankt Köln seinen ersten Rang unter den Biermetropolen der Welt. Nun geht das Bierbrauen auch auf eine lange Tradition zurück: Schon der römische Historiker Tacitus berichtete, dass die Germanen einem »schauerlichen Gebräu aus Gerste oder Weizen« zusprachen. Im Laufe der Jahrhunderte wurden Geschmack und Haltbarkeit entscheidend verbessert, und Bier entwickelte sich zum beliebten Getränk gerade der armen Leute. Sie konnten sich den teureren Wein nicht leisten und wollten es vielleicht nicht einmal, denn selbst die besten Kölner Lagen schmeckten meist wie suure Hungk (saurer Hund). Bier war bereits im mittelalterlichen Köln so bedeutend, dass der Verbundbrief von 1396 sogar eine eigenständige Brauereigaffel (Zunft) nennt.

Das helle Kölsch brodelt in seiner bekömmlichen obergärigen Brauart seit etwa 1900 im Sudkessel. Richtig populär wurde es aber erst nach dem Zweiten Weltkrieg; bis 1970 konnte es in Köln 75% des Marktanteils erringen. Getrunken wird das süffige Nass in allen Arten von Kneipen, vom Szenelokal bis zur ›kölschen Weetschaft‹, aber der traditionsreichste Ort ist natürlich das zur Brauerei gehörende Brauhaus (s. S. 28). Dort kontrolliert der Wirt in seinem Kontörchen, dem sog. Beichtstuhl, den Ausschank. Die Köbesse (Kellner) stellen das frisch Gezapfte auf blankgescheuerte Holztische, um die sich Gäste aller Alters- und Sozialschichten drängen. Oft entspinnt sich dabei ein flotter Dialog im Dialekt, denn manch schlagfertiger Köbes kann als urkölsches Original durchgehen.

Wer flüssiges Kölsch probieren und zugleich dem gesprochenen lauschen möchte, startet eine

Am Willi-Ostermann-Brunnen schmeckt ein Päffgen-Kölsch jederzeit

Brauhaus-Tour z. B. im **Früh am Dom** (s. S. 28). Über dem Eingang thront die kleine Figur des Dominikanermönchs Petrus von Mailand. Seit 600 Jahren ist er der Schutzpatron der Brauer. Er beschützt das Wachstum von Gerste, Hopfen und Malz, er hilft auch bei Kopfschmerzen – nach übermäßigem Kölschgenuss gerade richtig ... Das zweite Traditionsbrauhaus ist das seit 1511 verbürgte **Sion** (s. S. 29). Von hier startet der Sion-Brauhaus-Wanderweg (Information Tel. 96 29 94 59).

Auf eigene Faust kann man direkt um die Ecke das **Peters Brauhaus** (s. S. 29) erkunden. Es wurde erst vor einigen Jahren dem typisch rustikalen Stil nachempfunden, hat aber bei Touristen wie Einheimischen gleich Anklang gefunden. Dagegen wird Gaffel in wirklich historischem Ambiente ausgeschenkt. Das mit Volutengiebeln bekrönte **Gaffel-Haus** (s. S. 28) überragt seit 1580 den Alter Markt (s. S. 67). Mit schönem Blick auf das Rathaus (s. S. 72) prostet man sich gerne zu.

Dass zuviel Kölschgenuss möglicherweise zu einer Knollennase führt, lässt das Bronzedenkmal zweier Urkölner Originale vermuten: **Tünnes und Schäl** (s. S. 74). Der kleine Tünnes mit der dicken Nase muss sich als Einfaltspinsel die pseudo-klugen Sprüche des gewandteren Stadtkölners Schäl gefallen lassen. Nach diesem Prinzip funktionieren Hunderte ihrer Witze. Nur wenige Meter weiter ehrt der **Willi-Ostermann-Brunnen** den Komponisten unzähliger Karnevalslieder im heimischen Dialekt. Ihm verdankt die Stadt ihre kölsche Hymne ›Heimweh noh Kölle‹. In aller Ruhe kann man den Brunnen vom Biergarten des **Päffgen** betrachten. Das Brauhaus mit seiner barocken Fassade gehört zu den wenigen historischen Bauten am Heumarkt (s. S. 70). Noch älter ist die schräg gegenüber liegende Gaststätte **Zum St. Peter** von 1568.

Auf der Südseite des Platzes beenden wir unsere Kölsch-Tour in der **Malzmühle** (s. S. 29), einer Traditionsbrauerei von 1858. Hier kann man nochmals testen, ob Kölsch zu Recht als erstes deutsches Bier in die EU-Liste der regionalen Spezialitäten aufgenommen wurde (Tour s. separate Altstadt-Karte).

Die Ringe –
Von der Stadtmauer
zur Flaniermeile

Wer heute über die Ringe spaziert, denkt wohl kaum daran, dass hier einst die mächtigste Stadtmauer Europas stand. Nach den zwei vorangegangenen Stadterweiterungen (s. S. 73) wurde die über 5 km lange und 7 m hohe Befestigung 1180–1250 errichtet. Ein Dutzend Torburgen – genau soviele wie im ›Himmlischen Jerusalem‹ – kennzeichneten die weltliche Stadt als Abbild der himmlischen. Diese Tore und 24 kleinere Pforten gewährten Einlass ins Stadtgebiet, das nun doppelt so groß war wie vorher. Es gab jetzt sogar landwirtschaftlich genutzte Flächen innerhalb der Umwallung.

Doch als sich die Bevölkerung im Industriezeitalter verdreifachte, platzte Köln wieder aus allen Nähten. Notgedrungen ließen die Stadtväter das Bollwerk 1881 schleifen. Nur einige Tore und Mauerstücke blieben zur Erinnerung erhalten. Über dem aufgeschütteten Graben entstand nach Wiener Vorbild der prächtige Ringboulevard. Von den repräsentativen Gründerzeitbauten wurden nach dem Zweiten Weltkrieg allerdings nur wenige wieder aufgebaut. Die einzelnen Ringabschnitte, deren Namen die Geschichte von den Ubiern bis Theodor Heuss spiegeln, zeigen heute ganz unterschiedlichen Charakter.

Wir starten unsere ›Zeitreise‹ am Ubierring. Hier dominiert der restaurierte **Bayenturm** (s. S. 68) das Rheinpanorama. Er war die wichtige südöstliche Eckbastion zwischen rhein- und landseitiger Stadtmauer. Auf einer Wallplattform, einem sogenannten Bott, entstand 1550–1552 die efeubewachsene **Bottmühle**, die zwischen den Gründerzeitfassaden am Ubierring fast unbeachtet im Dornröschenschlaf liegt. Dagegen stellt die wuchtige **Severinstorburg** (s. S. 73) den markanten Blickpunkt am belebten Chlodwigplatz dar. Ein weiteres Relikt der Befestigung ist die **Ulrepforte**, von der nur noch einer der beiden Türme erhalten ist. Er wurde im 15. Jh. zur Windmühle umfunktioniert und dient heute den ›Roten Funken‹ als Hauptquartier. Weiter nach Norden schließt sich der längste intakte Mauerrest an, in dessen Wehrtürmen ebenfalls

›Ring frei‹ für Musikfans: zur Popkomm sind Autos tabu

Karnevalsgesellschaften residieren. Da dieser Ringabschnitt ansonsten wenig Sehenswertes bietet, empfiehlt sich vom Chlodwigplatz bis zum Zülpicher Platz die Straßenbahn.

Rund um den **Zülpicher Platz** schwärmen abends die Amüsierwilligen aus, um die Kneipen und Restaurants im ›Kwartier Latäng‹ zu erkunden. Tagsüber laden vom Hohenstaufenring bis zum Kaiser-Wilhelm-Ring Geschäfte und Cafés zum Bummeln und Verschnaufen ein. Im Brennpunkt zwischen Ringen und Aachener Straße steht die **Hahnentorburg** (s. S. 68). Hier pulsiert das Leben rund um die Uhr. Als bewussten Kontrast dazu ließ Wolf Vostell mitten auf dem Hohenzollernring ein neues Auto einbetonieren und nannte das provokative Kunstwerk ›Ruhender Verkehr‹. Zur Ruhe kommt jedenfalls nicht das angrenzende **Belgische Viertel**, wo sich die Szene in Galerien und abends in den derzeitigen In-Lokalen trifft. Unermüdliche Nachtschwärmer flanieren weiter zum **Friesenviertel,** das sich stadteinwärts vom Friesenplatz erstreckt. Unmittelbar am Verkehrsknotenpunkt entsteht zur Zeit das Ring-Karree des Architekten Norman Foster mit Geschäften, Wohn- und Büroräumen. Dieser Ringabschnitt zwischen Rudolf- und Friesenplatz bildet im August das brodelnde Zentrum der Popkomm, einer Musikmesse mit spektakulären Open-Air-Veranstaltungen. Hunderttausende Musikfans begeistern sich dann an Bands aus aller Welt, die auf den großen Karrieresprung hoffen.

Eine Erholungszone inmitten des Trubels sind die Grünanlagen am **Kaiser-Wilhelm-Ring**. Zwischen Brunnen und Blumenrabatten verbringen Angestellte der umliegenden Banken, Versicherungen und Geschäfte im Sommer gerne ihre Mittagspause. Weiter nördlich setzt das **Hansahochhaus** (s. S. 69) einen besonderen architektonischen Akzent. Rund um das **Eigelsteintor** (s. S. 68) tauchen wir in ein eigenwillig kölsch-mediterran geprägtes Viertel ein. Auch hier – wie auf dem Ring – spielt sich das Leben mehr auf der Straße als zu Hause ab.

Den letzten Teil des Boulevards bildet schließlich der **Theodor-Heuss-Ring**, der als Parkanlage bis zum Rhein reicht.

Ein Stern am Medienhimmel

Fast ein Dutzend Funk- und Fernsehanstalten, mehrere hundert Film-, Fernseh- und Videoproduktionsfirmen sowie insgesamt über hundert Buch-, Zeitschriften- und Zeitungsverlage begründen Kölns Ruf als Medienstadt. Vor München, Hamburg und Berlin ist Köln inzwischen Deutschlands wichtigster TV-Produktionsstandort. So ist es nichts Ungewöhnliches, wenn man beim Bummel über die Schildergasse gefragt wird, ob man nachmittags Hans Meisers Talkshow im Studio Hürth besuchen möchte. Oder man läuft Gefahr, vor laufender Kamera interviewt zu werden. Überall in der Stadt entdecken die Fernsehmacher immer wieder interessante Kulissen und sperren für Dreharbeiten ganze Straßen ab.

Wer hätte diese Erfolgsstory geahnt, als 1945 der Nordwestdeutsche Rundfunk (seit 1956 Westdeutscher Rundfunk) von Köln aus auf Sendung ging. Die Gebäude der Medienanstalt beherrschen das Stadtbild in Domnähe. Dort lädt das **WDR-Funkhaus** am Wallrafplatz zu Konzerten ein. Mit Archivgebäude und **Vier-Scheiben-Haus** (s. S. 74) dehnt der WDR sein Imperium über die vielbefahrene Nord-Süd-Fahrt hinweg aus. Seit 1996 setzen hier die **WDR-Arkaden** (s. S. 74) einen markanten Akzent. Die transparente Architektur erlaubt es, den Medienmachern bei der Arbeit zuzusehen. In den Studios an der Breite Straße werden außer ›Boulevard Bio‹ fast ausschließlich Regiesendungen produziert. Die großen Shows, wie ›Geld oder Liebe‹, sowie die Filmproduktionen, z. B. der Dauerbrenner ›Lindenstraße‹, entstehen im Vorort Bocklemünd.

Ebenfalls in der Breite Straße erinnert der **DuMont-Brunnen** an den langjährigen Standort des renommierten Kölner Zeitungsverlags M. DuMont Schauberg. 1998 bezogen die Redaktionen von Kölner Stadt-Anzeiger und Express das gläserne Pressehaus in Köln-Niehl.

Einen Blick in die multimediale Zukunft vermittelt der **Future Point** in der Richmodstraße. Bei einem Milchcafé oder Drink kann man im Mediencafé ›Moderne Zeiten‹ (s. S. 37) an etwa zwei Dutzend top-ausgestatteten Rechnern preisgünstig im Internet sur-

Von der ehemaligen Kantine zum attraktiven Szenetreff: das Campi im Funkhaus am Wallrafplatz

fen. Auf Monitoren und einer Videowall werden Sport-Highlights, News und das Neueste aus den Charts gezeigt.

Nur wenige Meter weiter, am Neumarkt, präsentieren die **Mayersche Buchhandlung** und das **Buchhaus Gonski Bouvier** das Neueste aus dem Printbereich. Die **Buchhandlung Walter König** in der Ehrenstraße lässt das Herz des Kunstliebhabers höher schlagen, während Literaturfans bei **Klaus Bittner** in der Albertusstraße ins Schwärmen geraten (s. S. 39).

Das Neueste aus Hollywood läuft in den Kinos des **Ufa-Palastes** am Hohenzollernring über die Leinwand. Das **Rex am Ring**, ein Traditionskino seit 1928, hat sich zum ›Nachspieler‹ gewandelt – in seinen Sälen können Sie für 4,99 DM alles sehen, was Sie woanders verpaßt haben. Und im ehemaligen **Capitol-Kino** wird freitagabends die SAT 1 Wochenshow mit den ›witzigsten Nachrichten der Welt‹ moderiert (s. S. 63). Auch in Sachen Musik hat Köln die Nase vorn, wie sich u. a. alljährlich bei der **Popkomm** zeigt. Dann lockt ein gigantisches

Musikfest auf den Ringen über zwei Millionen Zuhörer an.

Ob Funk oder Fernsehen, Film oder Multimediales – der **Mediapark** steht ganz im Zeichen des Informationszeitalters (s. S. 71). Kunst und Kommerz, Kreativität und sogar gute Küche vereint das Kommunikations- und Medienzentrum **KOMED** unter einem Dach. Größter Mieter im Haus ist der Musiksender VIVA. Aber auch Radio Köln, WDR Eins Live und Onyx senden aus dem Mediapark. Literaturinteressierten bietet das **Kölner Literaturhaus** ein vielfältiges Programm. Kölns innovatives Stadtviertel hat nach Anfangsschwierigkeiten nun seinen Platz als Medienzentrum gefunden. Die Technik im **Cinedom** und das exklusive Programm des **Kölner Filmhauses** in der Maybachstraße begeistern Cineasten. Nicht nur die Musik zum Film findet man bei Saturn im benachbarten **Hansahochhaus** (s. S. 41, 69).

Kölns neueste Medien-City entsteht aber zur Zeit auf dem ehemaligen Flughafen Butzweilerhof in Ossendorf. Das **Coloneum** wird die größte Medien- und Filmstadt Europas sein.

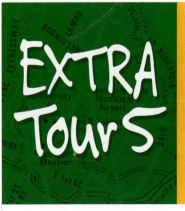

Leben im Veedel – Severinsviertel und Südstadt

Das ›Veedel‹ (Viertel) vermittelt dem Kölner sein Heimatgefühl – hier erlebt er inmitten der Großstadt fast kleinstädtische Geborgenheit. Man kennt den Nachbarn, plaudert am ›Büdchen‹, dem Kiosk, holt sich auf dem Wochenmarkt frisches Gemüse und pilgert abends in die Stammkneipe.

Das alles gibt es noch im ›Vringsveedel‹, das nach dem dritten Kölner Bischof Severin benannt ist. Im Mittelalter verleihen ihm riesige Kirchengüter mit Gärten und Rebenfeldern eher ländlichen Charakter. In der Franzosenzeit ziehen dann Fabriken in die 1802 aufgehobenen Klöster; die Ländereien weichen Arbeiter- und Kleinbürgersiedlungen. Die Bevölkerungsstruktur ändert sich erst nach dem Zweiten Weltkrieg: Gastarbeiter mischen ihre mediterrane Kultur ins Kölsche. Nach nicht unumstrittener Sanierung in den 70er und 80er Jahren entdeckt die Künstler- und Alternativenszene das Viertel. Sein lebendiges Flair verdankt es diesem Miteinander von Yuppie, Öko, Italiener, Spanier, Türke und *kölschem Kraat* (deftigem Urkölner).

Einem solchen Original begegnet man zu Beginn unserer Tour am **Karl-Berbuer-Brunnen**. Zahllose Karnevalslieder wie ›Heidewitzka, Herr Kapitän‹ und ›Wir sind die Eingeborenen von Trizonesien‹ machen den beliebten Sänger und Texter unvergessen. Die beweglichen Figuren an diesem Narrenschiff aus Bronze erinnern an die kölschen Typen seiner Hits.

Weiter geht es über die **Severinstraße,** die seit der Römerzeit wichtige Nord-Süd-Achse. Sie ist das Herz des Veedels: Auf einem Kilometer Länge reihen sich kleine Einzelhandelsgeschäfte, Supermärkte und Boutiquen, Pizzerien und Eiscafés, Restaurants und kölsche Gaststätten. Seit 1898 verlockt der Tresen vom ›Schmitze Lang‹, Haus Nr. 62, ab morgens um 10 Uhr zu Kölsch und *Klaaf* (Klatsch). Natürlich ist die Traditionskneipe auch Vereinslokal einer Karnevalsgesellschaft. Und selbstredend zwängt sich am Rosenmontag der Zug der Jecken auf seinen ersten Metern durch die enge Straße; dann fliegen die Kamelle direkt zum Fenster der obe-

Das Severinstor ist immer im Mittelpunkt: ob beim Veedelsfest oder an Weiberfastnacht, wenn sich ›Jan und Griet‹ wiedersehen

ren Stockwerke hinein oder prasseln auf die begeisterten Zuschauer, die am Straßenrand kaum Platz finden.

Die Lust am Feiern kulminiert jedoch im September beim ›**Längste Desch vun Kölle**‹. Zehntausende drängen sich beim Veedelsfest um Kölschstand und *Rievkoochebud*, Verkaufstische und Musikbühnen, auf denen kölsche Stimmungskanonen zum Mitschunkeln animieren. In Hochstimmung besetzt Jung und Alt die Bierbänke auf dem Kirchplatz vor **St. Severin** (s. S. 76). Die Kirche wacht seit Ende des 3. Jh. über ihr Veedel und ist somit der nachweisbar älteste christliche Sakralbau Kölns. Nach mehreren Erweiterungen wurde 1237 der spätromanische Chor geweiht. In seinen übrigen Bauteilen zeigt der ›Dom des Südens‹ spätgotische Formen.

Zu Füßen des schlanken Turms lehnt sich kokett ein ›**Stollwerck-Engelchen**‹ aus Bronze an den Brunnen. Es ruft jene Zeit in Erinnerung, als viele junge Frauen in der ehemaligen Schokoladenfabrik ihr Geld verdienten. Nach der Arbeit trafen sie sich vielleicht im **Früh im Veedel**. Dieser Inbegriff einer *kölschen Weetschaff op der Eck* existiert bereits seit 1879. Davor ragt seit dem Mittelalter die **Severinstorburg** auf (s. S. 73).

Hier verlassen wir das Vringsveedel und bummeln über den Chlodwigplatz in die **Südstadt**. Sie entstand südlich der Ringe, nachdem die Stadtmauer 1881 geschleift wurde. Viele Wohnhäuser der Gründerzeit wurden nach dem Zweiten Weltkrieg wieder aufgebaut. Besonders schöne Fassaden schmücken den Ubierring und die Volksgartenstraße. Als das akademische Klientel das Viertel entdeckte, florierten bald auch Bistros und Szenelokale. Im Sommer trifft man sich jedoch am liebsten mit Freunden, Kind und Kegel im **Volksgarten** (s. S. 79). Fitnessfreunde üben sich in den verschiedensten Sportarten, Gemütsmenschen zieht es eher in den Biergarten am Weiher. Im Sommer geben sich die ›Hunnen‹ die Ehre. Die Karnevalsgesellschaft präsentiert sich stolz in voller Kostümierung und inszeniert ein feucht-fröhliches Gelage im ›Hunnenlager‹.

Impressum/Fotonachweis

Titel: Karnevalskirmes vor der Kulisse des Doms
Vignette S. 1: Die Kunststadt Köln bietet der Avantgarde ein Forum
S. 2/3: Das ›Heilige Köln‹ erstrahlt im nächtlichen Lichterglanz
S. 4/5: Der Volksgarten – Kölns beliebteste Freiluftarena
S. 18/19: Rustikales kölsches Ambiente im Küppers Brauhaus

Fotonachweis

Marianne Bongartz, Köln Abb. Titel, S. 6, 7 (2), 10, 44, 72, 81, 87, 91
Stephanie Henseler, Köln Abb. S. 8/9, 26, 43, 63, 74, 89, 93
Gernot Huber/laif, Köln Abb. S. 55, 66
Manfred Linke/laif, Köln Abb. S. 2/3, 4/5, 18/19, 23, 24, 31, 35, 38, 47, 48, 51, 56, 59, 77, 85
Martin Seck, Köln Vignette, Abb. S. 28
Heiko Specht/laif, Köln Abb. S. 12, 37, 53
Stefan Worring, Köln Abb. S. 71

Nahverkehrsplan mit freundlicher Genehmigung der VRS GmbH, Köln und i+d GmbH leverkusen

Kartographie: Berndtson & Berndtson Productions GmbH, Fürstenfeldbruck, © DuMont Buchverlag

Die Deutsche Bibliothek – CIP-Einheitsaufnahme

Bongartz, Marianne
Köln / Marianne Bongartz ; Stephanie Henseler. – Ausgabe 2001
-Köln: DuMont, 2001
(DuMont Extra)
Engl. Ausg. u. d. T.: Bongartz, Marianne: Cologne
ISBN 3-7701-5477-0

© 2001 DuMont Buchverlag, Köln
Grafisches Konzept: Groschwitz, Hamburg
Alle Rechte vorbehalten
Druck: Rasch, Bramsche
Buchbinderische Verarbeitung: Bramscher Buchbinder Betriebe

ISBN 3-7701-5477-0

Register